ビジネスモデルコンサルタント
清水ひろゆき

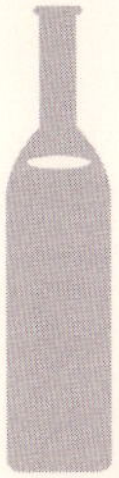

3カ月で売り上げを20%アップさせる3つの仕組み

1本100円のワインで利益を生み続けるビジネスモデル

ビジネス社

はじめに

はじめまして、ビジネスモデルコンサルタントの清水ひろゆきです。

私の処女作でもある、この本を手に取っていただき、ありがとうございます。

私は、これまで十数年間海外を飛び回るツアーコンダクターを経験し、その後は、ビジネスコーディネーター、そして現在はビジネスコンサルタントへの道を歩んでいます。

私が今まで世界100カ国以上を飛び回り文化や商習慣を経験した結果、最も多く訪れた地域は、アメリカとヨーロッパでした。世の中にないもの（ドライブスルーやファストフードなど）を商品化する「実験国家」アメリカと、今までの商品やサービスを洗練させ、文化や伝統で勝負するヨーロッパは、十数年前からそれぞれ異なる付加価値を提供し、マーケットを生み出すことで、お客さんを魅了していました。

日本では1990年代にバブルがはじけ、2000年代前半の規制緩和から米国式の資本主義を導入するようになり、景気が回復しました。この頃アメリカのダウ平均が天井知らずであることを見て、資本主義こそが日本を変革すると思い込み、米国を見習い、ともかく米国式がベストなんだという前提で多くの日本企業が、成果主義も採用しました。

その結果、日本は資本主義の副産物でもある所得格差も同時に輸入してしまいました。当時の私もご他聞に漏れず、これら米国式を全て信奉し、礼賛していました。

が、よくよく考えてみるとリーマンショックを境に、景気は落ち込み、資本主義の行き過ぎた影響で世界にあふれたお金が「どこに行けば儲かるのか？」と、その行き先を求めている今の状況を見ると米国式の考え方（資本主義も含め）が、すべてベストであるとは、言えないかもしれません。

日本は知らないうちに、資本主義というお金を中心とする渦に巻き込まれて、所得格差拡大を実感させられた消費者が先行きに不安を感じて、何が得なのか（損をしないのか）を基準にモノ（商品やサービス）を探し回り、誰にも批判されない無難な行動（安いものを買う行動）を取ろうとしています。

一方では、デフレが長引き、すべての価格が下がり続け、消費者が、お得を軸とした無難な買い物に、「本当に意味があったのか？」と内心気づき始めているのも事実です。
豊かになった日本では、モノがあふれ、すべての人が「もう欲しいものはない」状況に違いありません。

ただ、もし今日本の消費者に、「あなたが、本当にモノを買う理由は何ですか？」と聞いたとすれば、その理由は、次に挙げる3つ、

- 今しかない
- ここしかない
- 私しかない

に絞り込まれるでしょう。

なぜなら、「○○しかない」という言葉には、お金を使う正当な理由が意味として含まれているからです。

もしこれから会社が、お客さんに「○○しかない」と感じてもらおうとするなら、現場で働く人がお客さんから得る「情報」が不可欠となります。

その理由はインターネットを軸として、ツイッターやフェイスブックなどで情報を瞬時

に共有する今の世の中では、消費者は、「パリで今何が流行り、アフリカで今何が売れているか?」という情報を誰もがすぐに手にすることができるので、「〇〇しかない」というレアな（希少性があり、信頼のおける）情報は、リアルタイムで人から人へと伝わる方法を取るようになるからです。

私が開催するセミナーでは、お客さんに、〇〇しかないと感じてもらう「情報」を次のように説明しています。

「インターネットを軸とする誰もが瞬時に情報を共有する社会では、ある人が何かを口から発した後、それは1秒後には過去のものとなります。今お客さんが最も必要とするのは、リアルな情報です。そしてそれは、世の中にすぐに公表されない（ネットに掲載されない、もしくはその前の）たった今耳にしたすぐの情報であり、これらは人と人とがつながり、その信頼関係で口伝えするるのです」

もし今、会社が現場の士気を高め、働く人が、お客さんとのコミュニケーションを密にすれば、お客さんから生の情報を得ることが可能となり、それはお客さんが欲する商品やサービスの提供へとつながり、お客さんの要望をかなえることで先の見えない世の中でも売り上げをアップさせるビジネスモデル（儲かる仕組み）を構築できるようになります。

本書では、このビジネスモデルを構築するステップを次に挙げる7つの章で解説しています。

第1章では、日本企業が安売りしてしまう理由を、欧米などの成功事例も取り上げ対立軸で分析し、安売りが、飽きられてしまい、安売りだけではない利益を生み出す仕組みを解説します。

第2章では、日本で生き残ることができる経営者を、カリスマという観点からビジネスモデル（儲かる仕組み）と現場士気力で解説します。

第3章では、世界で勝ち残る日本に進出する欧米外資企業を日本未進出の米国企業を含めて、その高収益を生み出す仕組みと取り組みを解説します。

第4章では、社員志向が売り上げと利益を生み出す仕組みと取り組みを日米の高収益企業を事例に解説し、今後売り上げを伸ばす日本型企業を体系化しています。

第5章では、付加価値で顧客を魅了する日本の小売企業を事例に、不況でも売上げを伸ばす3つのキーワードを社員志向のビジネスモデル（儲かる仕組み）で解説します。

第6章では、日本のこだわり企業の事例から、社員志向の会社をつくりあげるステップを、経営者や幹部が社員の立場を理解することで現場士気につなげる仕組みを具体例で解説します。

第7章では、現場社員が会社に求める要素を題材に、現場士気を高める仕組みを働きがいから解き明かし、自主性を生み出すプロセスを体系化し、解説します。

あとがきでは、現場社員の仕事に楽しさが見つかれば、売り上げが伸びるメカニズムを、仕事をする意味から解説します。

全7章で構成される本書を現場で実践頂ければ、会社の向かうべき方向が確かなものになり、現場社員がチームになりベクトルを同じにすることで今の売上げは3カ月という短期間で120％になります（小売業は店長次第で売上げは20％アップすることから）。なぜなら現場士気が向上すれば、お客さんとのコミュニケーションが生まれ、今お客さんが求めている本当の情報が現場から会社にフィードバックされ、会社が不況の中でも、すべきことが明確に見えてくるからです。

本書で解説した社員志向の会社とは、社員全員が向かうべきベクトルを同じにした高収益ベクトル企業です。そして、この仕組みは、経営者や幹部が、企業規模や経営哲学、企業風土に沿って向かうべきベクトルを仕組み（ビジネスモデル）にすることから始まります。

是非、今すぐ本書をバイブルにして、現場社員とともにお客さんを喜ばせる高収益ベクトル企業をつくり、売り上げというお客さんの評価を勝ち取ってください。

２０１０年９月

ビジネスモデルコンサルタント　清水ひろゆき

第3章　外資企業の高収益を生み出す方程式

第4章　顧客満足より大切なもの　―サウスウェスト、マクドナルド、ユニクロの事例から

第5章　日本の小売企業に必要な3つの要素

第6章　社員志向の会社をつくり上げる6つのステップ

カバーデザイン／石澤義裕
本文デザイン／佐藤ちひろ（エムアンドケイ）

第1章

なぜ日本企業は安売りに走るのか？

この章のポイント

1 安売りは、満腹感消費が原因

2 お得感と幸福感が分かれば、安売り以外の選択肢が見つかる

3 ディスカウントなら安くしても、利益を生み続けることができる

4 本物か、マーケットに絞れば、安売りは回避できる

「欲しいものなんてもうない」

そう言いながらも、どこかで何らかの商品やサービスが必ず売れています。

モノがあふれている今の時代は、お客さん自身が本当に欲しがっている情報が何かさえ、分からないのです。

だから不況の今、何かを購入する場合、多くの人が、本当に欲しいものに行き着くための情報を探すよりも、世の中で誰もが飛びつく、安さに「お得感」という価値を見出そうとします。ユニクロは、今、この安さを切り口に、そこからお得感をイメージさせ、不況なのに顧客の支持を獲得しました。


これから続く不景気はいつ終わるのか分かりません。

だから興味を持ってもらうためには、安さは、不可欠となります。

が、しかし、安売りでは、モノが売れないのです。

不景気だから、安さがポイントでも安売りだと売れない。

この不確かな「安さ」のメカニズムなのですが、実はここに不況を潜り抜ける、100年利益を生み続ける会社をつくるための大きなヒントが隠されているのです。

顧客が安売りに期待する満腹感と満足感

不況になると「安い」ものだったら売れるかというとそうとは限りません。

でも高いより安いほうが、売れるのは間違いなさそうです。

今モノ余りの日本では、消費者も欲しいものが見つかりません。

厳密に言うと、欲しいものが分からないのです。

だから多くの人がモノを買うときには、最も原始的な「質より量ショッピング」に動きます。


例えばショッピングセンターやホテルによくあるバイキングレストラン。

兵庫で展開する「ワールドビュフェ」や品川プリンスの「ハプナ」は、1900円、2000円台、3000円という決まった価格で何でも食べることができるので、老若男女を問わず、ファミリーやカップルで混雑しています。

その理由は、「これと言って、食べたいものがあるわけじゃないけれど、何か食べたい。それならば、できるだけお得を感じるところにしよう」と多くの人が判断したからです。お得な消費とは、食べることで言えば、「満腹感」に当たります。

でもバイキングに行ったお客さんは、「満腹感で本当に満足しているのか？」というと、これは疑問です。

以前ある外食企業をコンサルティングする際、バイキングレストランで食事を終えたお客さんに質問したことがあります。

そのときのやり取りは、こんな感じでした。

「今日食べた中で一番おいしかったものは何ですか？」

「…………」

「これだけの種類があるのでいろいろ食べられたと思いますが、どれか一つでも結構なので、思い出すものを教えていただきたいのですが？」

「う～ん。満腹にはなったんだけど、何がおいしかったかというと……。でも、すべておいしかったです」

何がおいしかったか分からないけれど、すべておいしかった。

何が欲しいか分からないお客さんは、この言葉で納得してくれます。


一方では、バイキングよりアラカルトを好む人も存在しています。

例えばタパスというスペインのつまみを提供するリゴレットやフランスの大衆食堂オーカバナルでは、アラカルトを手軽に選ぶことでお客さんを虜にしています。

アラカルトを好むお客さんが、それを選ぶ理由は3つです。

- ゆっくり食べたい
- 食べたいものが食べたい
- 食事を満足したい

アラカルトを選ぶ人は、好きなもの、欲しいものが分かっている人です。

以前、ケーキとコーヒーが好きなお客さんに、1杯のこだわりコーヒーを飲んででもらった後、食べ放題のケーキか、シンプルなケーキ1つどちらかを選んでもらうモニターを実施したことがあります。

このときはモニターする意図もあり、損得による判断をしないように費用は、すべてこちら負担としました。

その結果10人中7人が、食べ放題ではなく、シンプルなケーキ1つを選んだのでした。損得の判断なら、絶対に食べ放題です。

でも何が好きか、何が欲しいか、分かっている人たちは、満腹感ではなく、満足感を求めています。

バイキングを満腹感とするなら、アラカルトは満足感です。

実は、本当のところお客さんは、内心満足感を求めながらも、それをどこで見つければよいか全く検討がつかないために、安売りだけの満腹感で手っ取り早く納得しているのです。

満腹感と満足感の違い 1

満腹感消費……何が欲しいか分からないから、損か得かで考える

満足感消費……何が欲しいか分かるから、望んでいるかいないかで考える

●コーチVSルイ・ヴィトン

「あの人、私と同じブランドのバッグ持ってる」

道を歩いていると、コーチ、グッチ、エルメス、ディオール、シャネル、ルイ・ヴィトンなど、たくさんのブランドが世にあふれています。

その中でもルイ・ヴィトンを持っている人の数は群を抜いていると言えます。

以前アメリカでセミナーを開催したとき、エルメスとルイ・ヴィトン、両方の店舗でインタビューしたことがありました。

そのときインタビューしたエルメスの販売員の方はルイ・ヴィトンというブランドを次のように語っていました。

「ルイ・ヴィトンさんは、うちより少し違うお客さまを対象にされています。だから、弊社とは価格帯やデザインも違います」

確かにエルメスは、1つの商品の素材、製作行程すべてにこだわっています。そのためお客さんの中でも目利きにしか商品のよさが分からない状態になり、一般のお客さんには、価格相応の価値がどこにあるか、理解することが困難になっています。

逆に、ルイ・ヴィトンは、素材よりある部分だけの製作行程にはこだわり、一般のお客さんが商品のよさを納得できるようにしています。

例えば定番で売れるルイ・ヴィトンの財布。

エルメスがすべての行程を手作業にする反面、同社は、お札を入れるマチの部分だけは手縫いを施し、お札をしまうときに引っかからないようにしています。だから素材はエルメスのように、最高級にこだわらなくても、お客さんはデザインがよく、長く使うことができる仕様なら納得してくれるのです。

ルイ・ヴィトンと同じテイストで、価格帯をもっと買いやすいものにしたブランドにコーチがあります。

コーチのCのロゴは、デザインとしてはLVのロゴとよく似ていますが、ルイ・ヴィトンと比較すると、使用する素材が大きく違うため、商品が長持ちするという要素に難があるようです。

ブランドはほかの類似商品と明確な違いがあり、価格に差があるため、お客さんはその商品に満腹感ではなく、満足感を求めます。

満足感を提供するには、売れているルイ・ヴィトンにヒントがあります。

ルイ・ヴィトンには本物ではない、本物感があります。

それはエルメスのようにすべての細部にこだわるのではなく、かといってコーチのように大衆が安心する価格にこだわるのではなく、ルイ・ヴィトンが、ルイ・ヴィトンらしさにこだわる本物感です。

これからは安さに、本物感がプラスされ、その商品だけの「らしさ」がなければ、売れないのです。

満腹感と満足感の違い 2

満腹感消費……安心にこだわる
満足感消費……らしさにこだわる

駅ビル専門店vsルミネ

駅ビル専門店で、お店の人が業者らしい人と、こんな会話をしていました。

「これは売れ筋ですよ。どうですか……」

「じゃ、これも頂きましょう」

独自商品ルートがない駅ビル専門店は、返品可能な業者から売れ筋を仕入れ、売り上げを上げ、売れなければ返品というこの単純な繰り返しで利益を生み出してきました。

しかしお客さんは、ユニクロやH&Mのような個性あるお店の出現により、駅ビル専門店の売りである場所の便利さと売れ筋だけの品揃えに納得しなくなってきています。

そのため駅ビル専門店は、「2つで4800円」「3つで1800円」という安売りに最後の望みをかけました。

駅ビル専門店の仕掛けた安売りは、2つ買うと安くなるといううたい文句でお得感をそそり、お客さんが思わず買いたくなるというものでした。

不景気の影響で、多くの人がお得という言葉に敏感になり駅ビル専門店のこのやり方は、一時、いや一瞬は成功しました。

が、お客さんは、セーター1つで十分なのに関わらず、お得なので2つ買わされてしまうことで満腹になってしまったのでした。

食事の満腹感なら、お腹が減ればその満腹感が忘れられず、そのお店にリピートすることもあるでしょうが、着る物になると、余分に買ったものは必ず残ります。だから一時的な売り上げアップを目標にした売りすぎは顧客リピートもダウンさせたのでした。

では、便利でアクセスのよい駅ビルが生き残るには、とにかく安売りして、お客さんが食べ残してしまうほど売るしか術がないのかと言うと、そうではありません。

駅ビルでありながら、安売りせずに流行っている駅ビルに、「ルミネ」があります。

駅ビルといえば、丸井や109が思い出されますが、ルミネがなぜ他と一線を画するかと言うと、脱駅ビル宣言したことが大きな要因です。

例えば丸井は、主な客層を10代後半から20代前半までと想定し、集めたお店は、価格でアピールするユニクロから、かわいいブランドのサマンサタバサ、そしてファミマと便利な駅ビルの「何でもあり」の旬のワンストップショッピング場所を提供することで支持されています。

片や109は、丸井と同じ10代後半から20代前半の客層を対象にしながらも、セシルマクビーに代表される同じテイストのお店をラインナップし、お客さんに便利な駅ビルプラス109スタイルをアピールすることで、「何でもあり」の丸井のような専門店ビルではなく、コンセプトで勝負をしています。

ルミネは、これら2社に対抗するため、駅ビルの便利さに甘えない高いサービスを提供することで顧客を虜にすることに成功しました。その事例はルミネの代表格である「新宿店」を見れば分かります。

このお店は22時まで営業し、従来の駅ビルにありがちな売り手の考え方ではなく、地域のお客さんの困ったことに対応することから始まり、それぞれのお店が同じに見える売れ筋一辺倒の品揃えをやめ、各店舗が品揃えの特色を持つことで鮮度をアピールし、買い物が楽しくなる演出をしています。

さらに販売員の接客を、ルミネ独自の現場士気向上の仕組みと取り組みでレベルアップ。お客さんが出会う販売員の明るさが、残業で遅くなる仕事帰りの疲れたＯＬたちのショッピングをリスペクトされた買い物体験に変えているのです。

場所がよくても、人任せの売れ筋商品だけを仕入れて売るのでは、リピートが起こらない。ましてその売れ筋商品を安売りするなら、さらにリピートが起こらない。

このことに気づいたルミネは、駅ビルは、売れ筋商品を安売りして、お客さんを満腹にするのではなく、お客さんが販売員の明るさとつながることで、買い物に満足を提供できると考えたのです。

安売りが蔓延する今、お客さんが本当に求めているのは、安売りだけのところで、安いものを買うことではないのです。

人が乗り降りする便利な場所でビジネスをすれば、売れる。

それだけの時代はもう終わったのです。

満腹感と満足感の違い 3

満腹感消費……買い物経験を提供する

満足感消費……買い物体験を提供する

安売りに潜む3つの「思い込み」
100円バーガーと59円バーガー、売れるのはどちら!?

不景気になると、安売りすれば売れるでしょうか?

こう聞かれます。この答えは、NOとしか言えません。

なぜなら、もし世の中に10円のラーメン店があったら並ぶでしょうか?

たぶん大多数のお客さんは、「10円はおかしい。何か入っているかもしれない」とも勘ぐり、思ったほど売れないでしょう。

でも、この値段が400円を切る399円とかだったら、結構人が入り始めるかもしれません。

一時、マクドナルドは100円ではハンバーガーが売れないので、65円、80円、59円とコロコロ値段を変えたことがあります。しかし下げた一瞬は売れても、また売れなくなりました。

その理由は、お客さんが、「65円に下げたのだから、きっともっと安くなるはずだ」と信じ、待ちに入ったからです。その後、価格は理由もなく80円に上がり、今度は59円になりました。そのときも一瞬は売れたのですが、すぐに売れなくなりました。

もし、安売りするだけで売れるのなら、59円でも売れ続けなければならないはずです。お客さんは、直感でこの商品は、これぐらいするだろうと、その価値をあるイメージする価格に置き換えています。

だから今は、以前59円で売られていた同じバーガーが、１００円でしっかり定番商品として売れているのです。

安売りに潜む思い込み 1

安売りすると、お客さんが「いくらなら払うか？」という答えが、見えなくなり、安くないと売れないと思い込んでしまう

吉野家VSＣｏＣｏ壱番屋、お得感と幸福感の違い

吉野家の売り商品は、牛丼です。

ＣｏＣｏ壱番屋の売り商品は、カレーです。

だから両社は、これら2つの商品にこだわります。お客さんは、この「こだわり」を味わうために、お店を訪れるのですが、実は味だけが目的ではなさそうです。

吉野家は、牛丼を280円から500円台、一方、ＣｏＣｏ壱番屋は、カレーを300円台（朝カレーを入れる）から800円台で提供しています。

当然お得さからすれば、牛丼を選ぶはずなのですが、実際は、少し高いＣｏＣｏ壱番屋のほうが、業績がよいのです。

吉野家で実際食べてみると、牛丼単品で頼むお客さんも多いのですが、みそ汁やお漬物などを組み合わせたセットも人気のようです。

ＣｏＣｏ壱番屋では、カレーにトッピングを追加するお客さんが多いのです。

例えば、定番ビーフカレーに、ガーリックとゆで卵、期間限定手仕込ささみカツカレーになす、地域限定牛すじ煮込みカレーにきのこと、自分だけのカレーをカスタムメードします。


トッピングとセット。


セットとは、「この値段以上かからない」というお得感。

トッピングとは、「おいしさも倍増する」という幸福感です。

つまり、お客さんは、牛丼やカレーを食べるにしても、お得だけで食べるわけではなく、その延長線上には「おいしかったな～」という幸せを味わいたいのです。

安売りに潜む思い込み 2

安売りすると、多くのお客さんが求める「本物感」を探り出せなくなり、安くないと売れないと思い込んでしまう

●ウォルマートは、回転寿司と同じ!?

安売りをすると利益が出なくなります。

なぜなら、安売りは、売ることを目的に価格を下げるので、価値に見合った価格より安い価格で商品を販売してしまうからです。

でも、ディスカウントをすると利益を生み出すことができます。

なぜなら、ディスカウントは、買う楽しさを演出することを目的に価格を下げるので、買い上げ点数が増え、売り上げがアップするからです。

世界最大の小売業ウォルマートは、不況でも、このディスカウント手法により成長しています。

今、欲しいものが見つからないお客さんを後押しするには、商品を売ることではなく、楽しい買い物体験にフォーカスする必要があるのです。

回転寿司は、下は100円から上は数百円の手頃な安心価格とバラエティー豊富な寿司ネタが売りになり、ファミリー客の人気を博しています。

お客さんは、1つ1つの値段が手頃で、選ぶ種類も多ければ、欲しいだけ好きな商品を選ぶことができるので、買うことが楽しくなります。

買い物が楽しければ、自然と買い上げ点数も増え、売り上げは伸びます。

このセオリーはすし屋にも当てはまります。

今までのすし屋は、ネタにこだわれば売れると思い込み、寿司の単価にはあまりこだわりませんでした。なぜなら寿司のおいしさは、「鮮度!」、鮮度が悪ければ売れない。そう思い込んでいたからです。

確かに鮮度が悪ければ、売れません。

でもお客さんは、寿司を食べるとき鮮度にもこだわりますが、支払うお金には、もっとこだわっています。

回転寿司は、お客さんが支払う額の見当がつくように、1つ1つの単価をある範囲に固定し、赤字にならないネタを仕入れることに全力を注ぎました。

ウォルマートが世界一になることができたのも回転寿司と同じ仕組みを採用していたからです。平均的なアメリカ人は、新聞やチラシのクーポンを切り取り、お得な商品を探し、買い物します。ウォルマートは、これらの販促割引を採用せず、そのコストを商品価格に反映させ、常に他店より10％から20％安く売っているのです。

お客さんはウォルマートでは、頭からつま先まで1点1点全身をコーディネートしても100ドル（約1万円）くらいで済むだろうと買う前に価格に安心して買い物を楽しめるのです。

ウォルマートが世界のお客さんを虜にしているのは、「支払い額が分かる」安心感と「さまざまな種類がある」楽しさと、「必ず欲しいものがある」便利さがあるからなのです。

安売りとディスカウントの違い その1

安売りは、決まった時だけお得
ディスカウントは、いつもお得

ドン・キホーテvsダイソー、どちらがディスカウント??

以前、あるデパートの高級ジュエリーショップ「ティファニー」で「このお店の競合店はどこですか?」と聞いたことがあります。

私はデパートの競合店だから、やはりアウトレットあたりが挙げられると予想していたのですが、何とその答えは「ドン・キホーテ」でした。

ドン・キホーテでは、女子高生たちが迷路のような店内を通りながら、「これかわいい‼ これおもしろい‼」とまるで宝探しでもするかのように珍しい商品や目を引くPOPに興味を示し、割安な商品を購入していきます。

そして、お店が、スナックから電化製品、ブランド品まであらゆる商品を揃えることで欲しい商品に出会うワクワク感と衝動買いする楽しさをお客さんに提供しているのです。

同じように「ダイソー」は、癒しから始まりCD、収納用品とこれがあれば便利と思うさまざまな商品を扱い、それらを安さがイメージできる単価で提供することでお客さんに生活を豊かにする楽しさを体感してもらっています。

だからダイソーでは、主婦やOLが、代替品の買い物をします。

例えばCDを整理するとしたら、CDを整理できる機能を持った100円商品をダイソーで探すのです。

何でも安心して買うことができる買い物は、おばあちゃん、おじいちゃんに至るまでファミリー全員に、手の届く豊かさを提供しています。

お客さんは、価格差がある商品が目につくようになれば、いざ商品を買うときには、いくらかかるのかを自問自答し、安く買える場所を見つけることに時間を使い始めます。

ドン・キホーテは価格差がある商品を何でも扱い、単品価格を安くして、他社と比較されるリスクを負いながらも売り場を宝探しの場として演出することで、欲しい商品と出会う楽しさを高め、売り上げを伸ばしています。

ダイソーは、価格差がある商品を扱わず、単品価格を統一して、気軽に買える安心感を提供し、買い上げ点数を増やし客単価アップで、売り上げを伸ばしています。だからダイソーは、デパートやドン・キホーテのようにティファニーを扱っていないのです。

「安売り」とは、価格差がある商品を扱い、それを安くすること。

「ディスカウント」とは、価格差がある商品よりも、安さで気軽に買える安心感を提供することなのです。

安売りとディスカウントの違い その2

安売りは、安さを提供すること
ディスカウントは、安心感を提供すること

業務用スーパーVSドイツアルディ、商品は少ないほうが売れる!?

以前アメリカの飲料メーカーが、「どの商品が売れるのか?」統計を取ったことがあります。この会社は、それまでビタミン配合飲料から始まり、デザインに凝った容器飲料、異なるフレーバー飲料などなど、同じ飲料にいろいろな付加価値をつけバラエティーに飛んだ商品を発表していました。

統計の結果分かったことは、すべての機能を入れたオールイン飲料が一番売れたということでした。

お客さんはいろいろある商品を見たら最後に、こう思います。

「いろいろな機能があるけどすべてよさそう……。全部入った商品があればそれが一番よいのだろう」

いろいろある商品とは、売れるかも分からない見せ筋商品です。

だから当然売れないリスクも伴います。

日本で業務用の商品群を扱い、全国にフランチャイズ展開する業務スーパーというお店は、さまざまな見せ筋商品で、ここならプロも使う商品が必ず見つかるとイメージさせる売り場をつくり、顧客が、その価格に価値を感じる売り場をつくり上げています。

片やドイツで躍進するディスカウントスーパー「アルディ」は、見せ筋商品をほとんど排除し、メーカー同等品質の売れ筋商品を自社開発し、価格をここしかない価値に変え、顧客を満足させています。

見せ筋商品だけに頼り、商品を多くすることでそこから付加価値を生み出し、商品の安さを強調するのは、安売り。

見せ筋商品に頼らず、商品を少なくすることで売れ筋商品に付加価値をつけ商品のよさを強調するのが、ディスカウントなのです。

安売りとディスカウントの違い その3

安売りは、見せ筋商品でお客さんを誘うこと
ディスカウントは、売れ筋商品でお客さんを誘うこと

ミスターマックスvsウォルマート、売れない商品が利益を生み出す!?

お客さんが何を欲しているか、また欲しい商品をどのようにすれば売れるのか。その答えは、お客さんの購買データをどれだけ持っているかにかかっています。

あるコンビニをコンサルティングしているときに、店主からこんなことを聞きました。

「いや～、参りました。実は弁当なんですが、この棚の3段目に置けば、見えやすいから売れると思ってのですが、SV（お店を順次回り売り場を整備する人）が指導する2段目の右から4つ目に陳列するとあっという間に売り切れたのですよ」

お店を拡大し、100店舗になると売れ筋商品の傾向が読めてきます。そのお店の数が1万店を越えると、どう売れば（陳列すれば）それら商品を売り切ることができるかまで大体予測できるようになります。

データがあれば、売れ筋商品が分かる。

売れ筋商品が分かれば、その商品だけを扱えば売れる。

この方程式、前出のディスカウントスーパーアルディのように、食品を扱うだけのスーパーなら売り方次第で通用するのですが、扱い商品が食品以外まで広がると、お客さんの買い物パターンも変化し、計算どおりにいかなくなります。

日本にディスカウントストア（日本だとホームセンターの品揃えをするお店）をつくろうとした一企業に「ミスターマックス」があります。

この会社は当初アメリカまで赴き、ウォルマートに日参、同じような品揃え、同じような店づくりを基本に、日本でウォルマートをリメイクしたお店を展開し始めました。

アメリカで成功したウォルマートのお店を細部に渡りリメイクすれば、そこに来店したお客さんは扱う商品の価格と商品を選ぶ楽しさで、お店は繁盛するはずでした。が、そううまくいきませんでした。

ウォルマートがアメリカでディスカウントストアとして成功した理由は、実はお客さんが売れない商品（見せ筋商品）に目を留め、その結果、お客さんがそれ以外の商品を買いたくなっていたからです。

以前、ウォルマートは春先に旅行用の小型スーツケースを売るのに、カーネーションが散りばめられたデザインの小型スーツケースを入り口すぐの場所に二十数個陳列したことがあります。お客さんがお店に入ってすぐの所に、これだけ目立つデザインのスーツケースを大量に積み上げられれば自然と目はそちらに動きます。

そうなると大多数のお客さんは、こう思います。

たくさんあるから売れている商品だ。
たくさんあるから安い商品だ。
たくさんあるから何か特別な意味がある商品だ。

こう直感したお客さんは、間近でこれらの商品の細部を見たくなり、陳列している所まで進むことになります。すると小型スーツケースの横には、値ごろの自主開発商品の小物ポーチがあり、興味にそそられ動いてきた多くのお客さんは、このポーチを手に取りました。

当初ミスターマックスも、ウォルマートに見習い、このような売り場をつくろうと実践していました。しかし、日本ではアメリカ並みのコストで出店場所を確保できず、その結果、徐々に商品回転を重視しなくては利益を生み出せなくなったのです。

ウォルマートに代表されるディスカウントストアが利益を生み出せる理由は、商品の存在をお客さんに知らしめる会社の莫大なチラシ、広告などの販促費用分を、コストの全くかからない口コミが担っているその仕組みにあるのです。

安売りは、商品を選ぶ楽しさより、安い商品を高回転させることで利益を生み出そうとします。

片やディスカウントは、お客さんが商品を選ぶ楽しさから、口コミを起こし、商品回転だけではなく、販促費用削減によって利益を生み出すのです。

安売りとディスカウントの違い その4

安売りは、商品を売り尽くし利益を生み出す
ディスカウントは、客数を増やし利益を生み出す

安売りしてしまうメカニズム

売り上げという観点で見ると、経営手法は、大きく分けて次の2つに分類されます。

一つは、本物を重視し、商品の価値を最大化することで売り上げを伸ばす手法。

もう一つは、マーケットを重視し、商品が売れる可能性を最適化することで売り上げを伸ばす手法です。


会社はマーケットを重視するか、本物を重視するかによって、そのカジ取りも変わり、それにより商品提供方法も違ってきます。

例えばこだわりの革靴で有名な「スコッチグレイン」という企業は、会社の理念を最優先し、本物素材やデザインを提供することで、熱烈なファンを魅了しています。

またナイキという会社。この企業は、最初ランニングシューズを売り出し、その後バスケットシューズ、ウォーキングシューズとマーケットがあるところに進出し、売り上げを獲得しています。

会社が本物を重視する場合、提供する商品の希少価値に納得してもらうことは容易ではありません。以前、あるフレンチビストロのレストランで、オーナーシェフからこんなお話を聞いたことがあります。

「フレンチはしんどいですね。なぜならソースからこだわり、素材を吟味しても、価格はイタリアンに対抗できるようにしなければいけないですから……」

本物にこだわるとコストがかかり、コストがかかると自ずと価格もアップします。

景気がよければそれでも売れますが、景気が悪くなると、まず高いものは売れにくくなり、すると経営者は、売れないのは価格が高いからと思い込み、価格を下げようとします。つまり「安売り」してしまうのです。

また会社がマーケットを重視する場合でも、提供する商品の機能価値を納得してもらうことは容易ではありません。

後述するユニクロがマーケットを求め、世界に進出するとき、今までユニクロという名前を聞いたことがない消費者にとって、どんな会社がつくり、提供しているかが分からなければ、いくら提供する商品の機能が優れていても、そのよさは伝わりにくいのです。

多くの会社が未開のマーケットで売れないのは、会社の認知度が低いからだと思い込み、価格を下げることで多くのお客さんに注目してもらい、認知度を高めることにより、売り上げをアップしようとするからです。つまり、これも「安売り」です。

不況に勝ち残る2つの経営タイプ

本物を重視する経営は、例えると「農耕型」と言えます。

本物を追い求める農家は、おいしい作物をつくるために、農地を耕し、その地域の温度や湿度によって水の量を加減したり、ときには堆肥を入れたりして、長期間、手をかけ、暇をかけます。

本物を重視する経営も、農家と同じで、本物を追い求めるためには、その商品の素材や品質、そしてそれができ上がるまでのストーリーという細部にまで手をかけ暇をかけ、お客さんに素晴らしいと感じてもらえる商品になるまで、「こだわり」を押し通し、その価値を高めていきます。

片やマーケットを重視する経営は、「狩猟型」と言えます。

狩猟民族は、食べるものを求め、それが見つかるまで移動し続け、獲物が尽きれば、また移動するということを繰り返してきました。

マーケットを重視する経営もこれと同じで、ターゲット（お客さん）がいる場所を探し出し、そこへ既存の商品を送り出すことで、売り上げを獲得しようとします。もしそのマーケットがすでに競合他社により飽和状態であると分かれば、今までどの会社も進出していない空白のマーケットをそこに探し出し、それにフィットする商品を生み出し、マーケットでオンリーワンのポジションを確立することで、お客さんを獲得していきます。

不況に生き残る会社は、経営者が「農耕型」「狩猟型」どちらかの経営タイプを軸に会社の規模や企業風土、経営哲学に沿って、

1今しかない
2ここしかない
3私しかない

という要素を現場に具現化し、お客さんにこれからの時代に何かを買いたくなるスイッチを押してもらう必要があります。そのときに留意すべきなのは、安易な安売りという売り方を導入すれば、いずれ利益を生み出せなくなり、同時にそれは、会社が生き残れなくなることを意味すると理解することなのです。

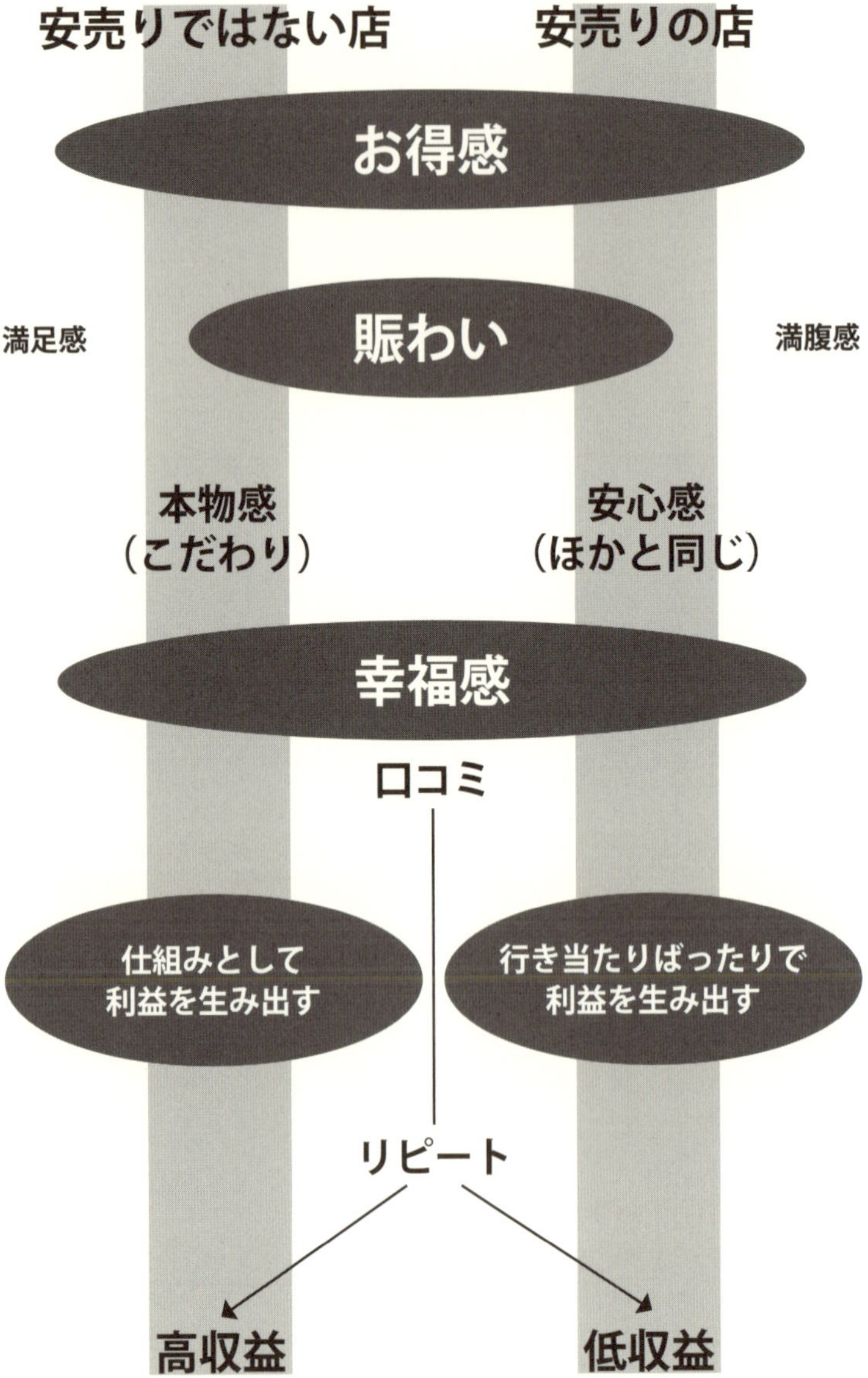
安売りではない店
安売りの店
お得感
満足感
賑わい
満腹感
本物感
（こだわり）
安心感
（ほかと同じ）
幸福感
口コミ
仕組みとして
利益を生み出す
行き当たりばったりで
利益を生み出す
リピート
高収益
低収益

第1章のまとめ
～安売りの店と安売りでない店の違い～

……安売りの店の特徴……

- 安い、お得、盛り沢山というイメージで**満腹感だけ**をアピールしている
- 売る為に**一時の流行り商品**を扱い、**見た目重視**の売り方を導入
- 素材より見た目にこだわるが、**売り方にこだわらない**
- **売れる商品だけ**を集めて、**売りつくそうとする**
- **安くないと売れないと思っている**
- **お得感だけで勝負**しようと考えている
- **見た目だけでお客さんは満足**すると信じている
- **単価のみ**にこだわる
- **安く見える商品なら何でも扱う**
- **安さの価値を宣伝**する
- **商品を回転させることだけ**が、**利益を生み出す**ことだと思っている
- **売れない理由は、価格が高い**こと

……安売りでない店の特徴……

- 癒し、楽しい、団欒というイメージで**満足感**をアピールしている
- 一時の流行り商品を扱いつつ、**思い出を生み出すキーメッセージ**を伝える
- **商品のよさから素材選び**をし、**売り方にこだわる**
- 売れる商品も集めて、**お客さんとつながろう**とする
- **ブランドがないと安くても売れない**と考えている
- **お得感プラス幸福感でお客さんに満足**してもらおうと考えている
- **見た目**と**こだわり**でお客さんに満足を提供している
- **支払額**にこだわる
- **気軽に買える商品なら何でも扱う**
- **ここしかない価値を宣伝**する
- **お客さんが口コミを起こすことが、利益を生み出すこと**だと思っている
- **売れない理由は、価格ではなくお客さんの変化に対応していない**から

第2章

ユニクロ
独り勝ちの理由

この章のポイント

独り勝ちの理由その1
空白のマーケットに大量に売る仕組みを持ち込め

独り勝ちの理由その2
現場がチームになるビジネスモデルをつくれ

独り勝ちの理由その3
何ができるかを切り口に商品を構成しろ

独り勝ちの理由その4
先の読めない時代は本物マーケットを目標にしろ

独り勝ちの理由その5
カリスマ性で会社にDNAを注ぎ込め

独り勝ちの理由その6
生き残りではなく、勝ち残りへ進路をとれ

ユニクロは安売りか？

確かに価格は安いに違いありません。

しかし、目の肥えた日本のお客さんは安いだけでは満足しません。

なぜユニクロが強いか、そして独り勝ちできたのか。

ユニクロの強さとは、これまで日本に、いや世界になかったマーケットをつくり出そうとし、それをひたすら続けていることです。

アメリカに出店したユニクロについて地元のお客さんに聞いたとき、今までなかったお店に戸惑っている様子を、次のように答えてくれました。

「見た目はGAPだけど、スタイルがあるように感じないし、陳列はディスカウントストトア（ウォルマートを指す）みたい。でもユニクロって、日本のブランドなんでしょ」

ユニクロは、日本で「誰にでもできるおしゃれ」という切り口を通し、ファッションベーシックという今までにない分野をつくり出し、ヨーカ堂やイオンが扱っていた日常の普段着を、「手の届く贅沢」に変えました。

日常のお客さんを知り尽くしたはずのヨーカ堂やイオンが、どうしてユニクロの挑戦に対抗できなかったか？

その理由とは、ユニクロが実は安売りをしていなかったからなのです。

なぜ誰も超高回転ビジネスモデルを構築できなかったのか？

飲食店を対象にしたセミナーでは、経営者から必ず「お客さんは何回転するのですか？」という質問を受けます。

飲食店の場合、お客さんの回転数は、即売り上げにつながります。

なぜならお客さんが、お店で食べ物をオーダーし、その後何分で店を後にするか、この時間が短ければ、短いほど客数が増え、売り上げもアップするからです。

ユニクロは、衣料を扱うお店であるにも関わらず、飲食店がこだわるお客さんの「回転数」を、商品に置き換え、商品の回転率という形で現場に導入しようと挑みました。

飲食店同様、衣料を扱うお店でも扱う商品は少ないほうが全体の回転数はアップします。

ユニクロは自社の領域である日常衣料で商品を絞り込み、売り場を流行のコーディネートがすぐに見つかる陳列に改め、来店客が短時間で購入できる売り場をつくり上げたのでした。

ユニクロの商品回転率は、この試みで確かにアップしました。

しかし、売り場がベーシック（日常）の商品ばかりになり、来店客には、変わり映えのしない、つまらないお店になってしまったのでした。

この売り場に足らなかったのは、お店に最も重要な「賑わい」です。

そこでユニクロは、ここしかない独自商品を開発し、お客さんが、われ先にその商品を買いにくる売り場をつくり、賑わいを演出する策をとりました。

ユニクロのビジネスモデルは、新薬開発と全く同じです。

薬品メーカーは莫大な投資で研究を重ね、世にない新薬を開発し、商品特許が切れるまで定価で売り続けるのです。

新商品開発、即、大量販売を可能にした売り場は、競合他社の追随を許さず、瞬く間にフリースを日本国民の3分の1が所有するまで売りつくしたのでした。

ユニクロが、このようにマーケットを独占できたのは、次の2つが要因です。

1どこよりも早く新商品をお店に並べ、他者に真似られる前に大量販売できる仕組みがあった

2ファッションベーシックという世にないマーケットをつくり上げた

ヨーカ堂やイオンが、同様の商品を扱いながら、マーケットを奪われたのは、安売りをしたからではなく、ユニクロが飲食店経営が特に重視する回転数に目をつけ、薬品メーカーと同じビジネスモデルを、衣料販売の会社に導入できる仕組みとして構築したからなのです。

●「整理整頓」がチームワークをつくる

経営者に、いつも社員に言っていることを挙げてくださいと聞くと、よく「整理整頓」「挨拶」「掃除」などが答えとして返って来ます。

事実、アメリカの「オールドネービー」（GAPの10代対象店舗）では、販売員が常にショッピングバッグを肩に提げ、商品を整理整頓しています。

「整理整頓」を現場の合言葉にすると何がよいか？

1つ目は、売り場で作業ができます。

特に小売業は、売り場がすべてで、売り場のQSCレベルが高ければ売り上げはアップします。

2つ目は、売り場で接客ができます。

販売員の生産性を高めるには、やることを兼務してもらうことです。整理整頓と言う作業と接客、これら2つを一人の販売員が行えば、販売員一人当たりの粗利益高も高まります。

3つ目は、売り場でチームが生まれます。

現場での役割（店長やマネジャー）が違っても、常に優先する作業が同じであれば、そこにはチーム意識が生まれます。そして、チームが生まれれば、現場全員が向かうべきベクトルが同じになり、店舗力がアップします。

ユニクロは、この整理整頓を現場レベルで徹底することで、売り上げが伸びる仕組みを次のようにつくり出しました。

1商品が整理整頓されていれば、必要なものを早く見つけることができ、お客さんはすぐに会計へと進める。

……短時間で商品が見つかれば、購買決定の確立が高まり、売り上げはアップします。

2商品が整理整頓されていれば、必要なもの以外に、欲しいものも見つかる。

……客単価が増える確立が高まり、売り上げはアップします。

3商品が整理整頓されていれば、必要なものがなくても、商品を見たくなり、欲しいという気持ちが生まれる。

……商品を見れば、欲しくなる確率も高まり、売り上げはアップします。

ユニクロの現場は、全員が常に商品を並べる高さや配列にまで気を配り、「整理整頓」という合言葉で同じ作業を通し、売り場のベクトルを同じ方向に舵とりし、チームを一体化しています。

なぜなら全員が整理整頓を実践しなければ、商品が高回転するビジネスモデルが機能しなくなるからです。

商品構成は携帯電話が見本!?

ユニクロの商品コンセプトは、ベーシック（日常）です。でもお客さんは、お店にいつも見慣れた日常的な商品ばかりが並べられていると、買い物の楽しさを感じることができず退屈します。

それを解決するためには、日常の買い物を楽しくする必須条件である、「非日常」を味わえる瞬間が不可欠です。

日常の買い物を楽しくするには次の3つの方法があります。

1つ目は、お店をプチ贅沢ができる雑貨商品で充実させること。
2つ目は、お店を品数より用途の多い売り場にすること
3つ目は、お店をテーマパークにすること

以前、「米国高収益企業視察セミナー」であるお店を訪問した際、携帯電話代理店経営の方々に、そのお店の商品構成を話しながら、こんな解説をしたことがあります。

「なぜ携帯電話が日本人全員に行き渡ったのに、お客さんは電話を買い換えたり、さらにはもう一つ買ったりするのでしょう。それは電話が人と話すだけの用途ではなくなったからです」

今や日常の持ち物となった携帯電話が売れ続けるのは、電話にゲームやテレビという話す以外の用途が機能として付加され、それを使う楽しさが増えているからです。

ユニクロは、例えば汗を一瞬で乾かすインナー商品の売り場には、必ずスポーツすることの楽しさをイメージできるＰＯＰを、お客さんに見せています。

日常のベーシック商品のいろいろな用途を、売り場で新たに発見できれば、いつも行く日常のお店でも楽しい買い物ができるようになるのです。

ユニクロとマクドナルド、本物へのカジ取り

マクドナルドが、限定商品テキサスバーガーを1日で28億円も売り上げたことがあります。

不況でも割引き価格で390円もするバーガーがこれだけ売れたのは、お客さんが、マクドナルドは安売りではなく、本物を売っている会社だとイメージしたからに違いありません。

お客さんがマクドナルドに本物イメージを抱くのは、手頃な100円バーガーを入り口に本物の味クォーターパウンダーを試してもらう仕組みをつくっていたからです。

お客さんは一度でも本物（クォーターパウンダー）を味わい、その商品に太鼓判を押せば、必ずほかの商品（テキサスバーガー）も試してくれるようになります。

今ユニクロは、安売りだけでないポジションを強固にするため、日常を提供するファストフード企業マクドナルドと同じように本物へのカジ取りを始めています。

ユニクロの核となる商品コンセプトは、流行（ファッション）と日常（ベーシック）という相反するファッションベーシックというものです。

日常（ベーシック）で、しかも流行をキャッチする商品など、世の中には、ありえません。だからユニクロは自社で常に新商品を開発し、自前で流行を発信し続ける必要があります。

ただ、新商品頼みのカジ取りは、新商品が生まれヒットしなければ、それはユニクロが、単なるベーシックを売る日常のつまらないお店になってしまうことでもあります。

そこで、ユニクロは新商品頼みという高リスクを、商品構成を本物へとカジ取りすることで減らそうとしています。

新たにラグジュアリーシンプリシティー（ラグジュアル＋シンプル）と名づけたコンセプトでジルスチュアートと組んだ「＋Ｊ（プラスジェイ）」というブランドは、その一つです。

ユニクロは今日常のステージで高回転ビジネスモデルを維持しながら、自社しか切り開けない本物マーケットも開拓しようとしているのです。

●ダイエー、ヨーカ堂VSユニクロ カリスマ経営が会社をブランドにする

会社はその企業規模で経営のカジ取りも変わってきますが、多くの経営者の関心事は、「これから、どのようにして生き残るか?」に違いありません。

ユニクロは、2020年に5兆円売り上げ達成を目標に、会社の生き残りを懸けています。世界一を目指すこの目標を達成するためには、店舗を毎年倍々に拡大しなければならず、経営者には、会社を牽引する強烈な「カリスマ性」が必要となります。

カリスマ経営者は、存在自体がブランドです。お客さんはその経営者の顔が見える限り、お店やその商品のファンとなってくれます。

ディズニーという会社も当初は、ウォルト・ディズニーというカリスマ経営者が現場を引っ張っていました。そのせいか彼が退任すると、よく園内でごみを目にするようになっ

たとまで言われ、経営者の影響力は社内だけではなく、お客さんの目に触れる所まで及んでいることが分かります。

カリスマ経営者には大きく2つのタイプがあります。

1つは、職人タイプ。

ホンダやソニー、パナソニック、京セラなどがそうです。これら企業の経営者は、商品にこだわり、会社をどうするというより、「自身がどうありたいか」がクリアになっていることが特徴です。

もう1つは、社長タイプ。

ワタミやダイエー、ユニクロ、セブン&アイなどがそうです。これら企業の経営者は、成長にこだわり、会社の規模を追いかけ、「自身がどうなりたいか」がクリアになっていることが特徴です。

カリスマは悪いわけではありません。

ただカリスマ経営者が、会社をカジ取りする上で重要なことは、カリスマであることがどれほど現場に影響力があるかを、認識することです。

カリスマ経営者は、社員への影響力が絶大なため、社員に何を聞いても本音の意見がまず出てきません。

従って、**カリスマであれば、社員に意見を聞く必要はない**のです（正確に言うと、聞いてもよいが、「考えはもう決まっていて、それを確かめるために聞く」とトップ自身が自己分析しておくこと）。

私はよく経営者に「これから会社をどのようにしていきたいですか？」と聞きます。なぜならカリスマである・ないに関わらず、経営者が、「これから会社をどのようにしたいか？」に対する自身の答えを明確にすれば、その顔が見える商品やサービスには付加価値が伴うからです。

この重要な問いの答えがすぐに返ってきません。

そうするとカリスマ経営者は、側近に聞くことになります。でもカリスマには、残念ながら側近からも本音の意見は返ってこないのです。

カリスマ経営者の一長一短

カリスマ＝ワンマンか、と言うと、一概にそうとは言えませんが、私は、カリスマ経営者は、自分には意見がどこからも上がってきにくいと認め、夢を追いかければよいと思っています。

もし先ほどの答えが見つからず、どうしても側近に聞きたいのであれば、カリスマ経営者自身が抱く、「邪心のない夢をどう思うか」を聞けばよいと思います。

職人である本田宗一郎氏は、以前「軽自動車でメルセデスのクオリティーを持つ車をつくる」という夢を社員に語りました。やはりカリスマ経営者である本田氏には「できません」という返事は、誰一人として返しませんでした。

本田宗一郎氏が、カリスマだったからこそ社員は、この無理難題とも言える夢に向かって努力できたのかもしれません。

また**カリスマ経営者は、「朝令暮改」「君子豹変す」でよい**のです。

松下幸之助氏の口癖は「今はこう思うけどな」です。「今は」と前に置くのは、考えれば考えるほど意見は変わるという言い訳を含んだ言葉です

カリスマ経営者には誰も本音を言わない、いや言えないので、いろいろな考えやアイデアは、本人が自問自答して提案するしかありません。

今世界の情報は、誰でも瞬時に手に入れることが可能です。お客さんが今日、今欲しいものや必要とするものが、明日も同じという確約はありません。

つまり、これからの会社は、一刻一刻と変化するお客さんの欲しいという願望に対応していかなければ商品やサービスは売れなくなり、会社は生き残れないのです。

世の中や顧客に変化が起これば、誰からも意見が届かないカリスマ経営者が言ったことを変えるのは仕方のないことです。

最後に、**カリスマ経営者は、オリジナリティーにこだわればよい**のです。

鈴木敏文氏は「独自なものをつくれ」と常に現場へ発破をかけています。その理由は、真似には存在価値がないと思っているからです。

真似をすることは、他社のよい点を吸収するという意味でも悪いことではありません。同業の会社や競合企業を見ることも、他社と比較して自社の違いを見つけ出すためには、意味のあることです。

ただ真似が悪いのは、会社が安易な物真似をすることで、真似だけに終わり、オリジナリティーが生まれないため、最終的に売り上げを上げるときになると、安売りすることでしか生き残る術を見出せなくなることです。

カリスマ経営者には、会社の中からも外からも本音の意見が届きにくいことが多々あります。ユニクロの柳井氏は、かつての本田宗一郎氏のように、「世界一を目指す」という同じ夢を追いかけています。

両者に違いがあるとすれば、カリスマ経営者であった本田宗一郎氏に、藤沢武夫氏という相棒が本音の意見をぶつけていたところです。

カリスマ経営者には相棒の存在が重要です。

なぜなら、今後会社が生き残るには、職人タイプと社長タイプ両方の経営哲学がＤＮＡとなり、絶妙のバランスを持って、後継者に引き継がれる必要があるからです。

会社のDNAとは何か

会社は、世の中が必要と言ってくれる限り（必要とされる商品やサービスを扱っている限り）存続していかなければなりません。その理由は、必要とされる会社が息絶えてしまうと、世の中の人々が困るからです。

だからカリスマ経営者が創業者であっても、2代目であってもこれからの時代を乗り切れる後継者をつくることが不可欠です。

その後継者に継承するDNAとは、次に挙げる3つと言えます。

1洞察力……今何が売れているかを直視し、お客さん目線を持つ。
2推察力……これから何が売れるかを紐解き、肯定的に受け止める。
3創造力……こだわりに可能性を見出し、独自の市場を切り開く。

これら3つは、冒頭に述べたカリスマ経営者2つのタイプ（農耕型・狩猟型）が持つ不況に打ち勝つマーケティング（売れる仕組み）とビジネスモデル（儲かる仕組み）に必須のスキルです。

自身がカリスマ経営者であり、例え部下や側近から意見が上がってこなくても、先に挙げた3つのスキルを身につけ、会社を経営すれば、例え自社にホンダの藤沢氏に匹敵するような側近がいなくても、どの時代にも通用する普遍の羅針盤が、会社に備わるかもしれません。

なぜならカリスマ経営者自身が、カリスマ性というパワーを発揮すれば、先述の3つのスキルがＤＮＡとなり、会社に注入されるからです。

●勝ち残り成長戦略

私は以前セミナーで会社の生き残りと勝ち残りについてお話ししたとき、あるGMS（ヨーカ堂やイオンという大型小売店）の幹部の方から、マーケットシェアについて次のような質問を頂いたことがあります。

「アメリカではウォルマートが食品の市場シェアをある程度獲得したとき、取引先との関係を対等にしたと聞いています。今後日本も、そのような会社のみが、生き残り、勝ち残っていくのでしょうか？」

生き残るためには市場シェアを獲得しなければなりません。そして、勝ち残るためにはダントツのNO1シェア獲得が必須です。NO1になり勝ち残れば、winner takes all＝勝者がすべてを持っていくことが可能となります。

世界を相手に成長するウォルマートは、全米国内で食品全体の市場シェア2桁を獲得した時点から、食品小売マーケットに大きなインパクトを与え始めました。ユニクロも今、ウォルマート同様生き残りから勝ち残りを懸けて、アパレル市場の売り上げ限界点と言われている日本での「国内シェア8％」をいずれ超えることを見越して、日本のアパレル市場の勝者になった後の成長戦略を海外出店を加速し世界のマーケットを狙うこと進めようとしています。

ユニクロは、これから世界のプレーヤーを相手に、自社の売りであるファッションベーシックを軸に、海外でもあるレベルまで市場シェアを高め、高収益を生み出す仕組みを構築する考えです。

ユニクロのトップ柳井氏は、会社が成長し、現場の給料がアップする仕組みをつくらなければ、現場士気が向上せず、日々の売り上げアップも困難になり、それは会社の存続すら危うい状態にしてしまうことを察知しています。

つまり、ユニクロの本当の強さとは、まさに生き残ることを目標にしながらも、勝ち残りに成長戦略をカジ取りすることで、現場士気も向上させているところなのです。

第2章のまとめ
～ユニクロ独り勝ちの理由～

マーケットを独占できる仕組みを構築している

＊早く大量販売 ………………… **他社に真似られない**
＊新しいマーケットを開拓 …… **競合がいない**

!ここがポイント❶ ビジネスモデル…新規顧客に新商品を大量に販売

店舗力をワンワードで増強している
“整理整頓”で、**〈売場効率化〉〈接客力〉〈チーム力〉3つ**を現場に構築

!ここがポイント❷ ビジネスモデル…**ワンワード（整理整頓）で生産性アップ**

用途で商品力をPRしている
売場で用途の発見提案

!ここがポイント❸ ビジネスモデル…用途は多く、扱い商品は少なくし、高回転を生み出す

本物でブランドを確立している
新機能素材の本物からファッションの本物へと商品構成

!ここがポイント❹ ビジネスモデル…本物と日常をすり合わせ購買頻度をアップ

経営者がリーダーとなり成長戦略を描いている
生き残りから勝ち残りへカジ取りすることでNo.1シェアーを獲得

!ここがポイント❺ ビジネスモデル…**シェアーを拡大し、大量生産でコストダウンできるポジショニング**確立

第3章

外資企業の高収益を生み出す方程式

この章のポイント

❶Creativeクリエイティブ（独自性）でこだわりをアピール
❷Crowdクラウド（賑わい）で限定感をアピール
❸Coordinationコーディネーション（調和）でコトをアピール

3つのCとは？

「Creativeクリエイティブ（独自性）」とは、即ちオリジナリティーです。そして「Creativeクリエイティブ（独自性）」は、会社（お店）のブランドとなり、商品やサービスを介して、お客さんに「こだわり」として提供されます。

今重要視されているPB商品（独自商品）は、その品質のよさが、商品力となり、会社力（店舗力）となるのは疑う余地はありません。が、ここでご紹介する「Creativeクリエイティブ（独自性）」が、単に独自商品があるということだけで終わらないのは、提供する商品やサービスが、お客さんに「生き方」までをアピールし、それがお客さんを魅了している点なのです。

「Crowdクラウド（賑わい）」とは、即ちホットな所という意味です。そし

商品やサービスを介して、お客さんに「限定感」として提供されます。

いくらよい商品やサービスでも、それに興味を持つ人が多くなければ、売り上げは伸びません。商品が集まり、人が集まり、そこに熱気が生まれれば、提供する商品やサービスのよさが増幅され、現場は活気に包まれ、それはお客さんの買いたくなるスイッチをONにするのです。

「Coordinationコーディネーション（調和）」とは、即ち組み合わせです。もう少し詳しく言うと、絶妙の組み合わせです。

「Coordinationコーディネーション（調和）」は、会社（お店）の特徴となり、それは商品やサービスを介して、お客さんに「コト」を提供します。

よい商品やサービスに、それを売るお店の巧みに設けたレイアウトや什器の組み合わせが合わされば、お客さんは、そのモノの素材や品質のよさにそこから広がるストーリー（コト）をプラスして、「あれも欲しいな」という気持ちになっていきます。

●不況に売り上げを伸ばす企業の3C

ある雑貨店で商品構成（MD）のコンサルティングをしたとき、突然、部門担当者から次のような質問を頂いたことがあります。

「弊社の商品には商品力があるのに、あまりパッとしないのはなぜでしょうか？」

私はこの質問に答えるに当たって、リーマンショック後の不況にも関わらず売り上げを伸ばした会社に共通する要素を「C」を頭文字にした3つにまとめて、次のように答えました。

「商品力だけでは、反響があっても、売れ続けません。その理由は、商品に3つの要素、『Creativeクリエイティブ（独自性）』『Crowdクラウド（賑わい）』『Coordinationコーディネーション（調和）』が足りないからです」

アメリカに限らず、日本でも今の商品力にこれらを加味すれば、間違いなく、売れます。

そして売れ続けます。

これから本章でお話しする事例は、遠いアメリカの事例ではなく、日本でも今すぐに導入できるものです。

なぜなら日本でもアメリカでも、先述の3要素は、お客さんが商品ではなく、お店に望む絶対条件だからです。

つまり、お客さんは、商品の価値を、その品質だけではなく、買い物するプロセスで見定めているのです。

独自性自主ブランド70%で顧客を魅了するスーパー「トレーダージョーズ」

アメリカでリーマンショックの後に売り上げを伸ばしている会社の1つに、スーパーの「トレーダージョーズ」があります。

このお店のエコバッグ、日本でも人気で、巷でよく見かけます。

なぜこのスーパーが、日本でもブームになるほどお客さんの人気を博することができたのか？

アメリカでは多くの来店客がトレーダージョーズで生き方（ライフスタイル）を発見する買い物ができることに満足しています。なぜなら、このお店は、単によい商品を安く売っているだけではないからです。

お客さんは、日常的なスーパーの買い物の場合、お店では価格と品揃えしか見ません。

これは間違いありません。

なぜなら、スーパーの買い物は日々必ずすべき義務的なもので、安いか、いろいろ選べるか、これら2つ以外のややこしいことは、できれば考えたくないからです。しかし、もし日常のスーパーが今まで経験したことがない未知の生き方（少々大げさですが）をそれとなく、いやみなく、知らせてくれたとしたらどうでしょう。

トレーダージョーズは、まず買い物の第一段階で、何かを発見する驚きを提供してくれます。それは流行感のある商品であり、サプライズ価格（安いだけということではない）でもあるのです。

買い物の第二段階では、何かを知る楽しさを提供してくれます。それはオリジナルレシピであり、開発メニューであり、新しい食べ方でもあります。

最後の買い物の第三段階では、何かを感じる喜びを提供してくれます。それはトレジョー（日本のトレーダージョーの略称）独自商品の歴史であり、それが提供する物語なのです。

では、そろそろ顧客を魅了するトレーダージョーズの全貌を徹底解剖していきましょう。

手間をかけない商品で来店を促す

「ここスーパーじゃないみたい‼」

日本からトレーダージョーズを初めて訪れた米国高収益企業視察セミナーの参加者は、異口同音にこう漏らします。

一見トレーダージョーズは、お店が倉庫のように見えます。と言っても、薄暗い倉庫ではありません。


トレーダージョーズに入ると、トロピカルな色を使ったPOP、それは例えばところどころに黒板を使いチョークで書いた「喉越し爽やか、タンジェリン（柑橘）&ブルーベリージュース」だったりします。

このPOPに興味を持ったあるGMS（総合量販店）の幹部が、「この方たちは、どうしてこんなにうまくPOPを書けるのでしょうか？」と質問したことがあります。

トレーダージョーズの店長（同社ではキャプテンと呼ぶ）は、その質問に、「このクルー（現場スタッフの総称）は、デザイン系の学校を卒業しているのですよ」と答えていました。

アメリカでは小売りであっても、店内ＰＯＰやディスプレーについてはデザイン系出身者を採用し、その部署に専任させることで、同業他社と違うお店をつくっています。

このお店も同様、専任2名が部署に配置され、レイアウトその他、配色やデザインすべてが現場に任されていました（現場権限委譲もトレーダージョーズの強さの一つ）。

トレーダージョーズが、ここまでデザインや配色などのイメージにこだわるのは、スーパーに楽しさがなければ、食べ物がいつでもどこでも手に入る時代には、お客さんは特定のお店を選んでくれなくなることを知っていたからです。

日常の買い物は義務的で苦痛です。多くのお客さんは、スーパーの買い物は、できるだけ、早く終わらせたいと願っています。

アメリカ人は昔から日本人に比べて、買いだめをする傾向があり、あるスーパーは、品揃えの豊富さでお客さんを呼ぼうとお店を徐々に拡張した結果、２０００坪にまで広げてしまったところもあります。

しかし、不況になると目利きのお客さんは、お店の大きさ（品揃えの豊富さを意味する）だけでは、判断しなくなってきたのでした。

リーマンショック以後、スーパーと言う日々の買い物のステージでは、次に挙げる3つの買い物パターンを消費者に見ることができます。

1時間を節約できるお店を選ぶ。
2時間を使うなら他と違う特徴あるお店を選ぶ。
3日常的に行くなら価格の安いお店を選ぶ。

トレーダージョーズはこれら3つの要素すべてを、次のようにカバーしているのです。

1時間を節約できるお店を選ぶ

トレーダージョーズの扱う商品は、2500品目ほど（通常スーパーの1割の品目数）で生鮮食品を多く扱わず、長期保存が可能な缶製品などを主に取り揃えています。つまり、手間をかけない商品がメインなのです。

2時間を使うなら他と違う特徴あるお店を選ぶ
トレーダージョーズの商品は、80％が自主商品（ＰＢ商品）。しかも、他店にないユニークな商品（ベーグルチップ菓子、2種類のフレーバーが楽しめるストロベリーレモネード、枝豆シュウマイなど）が頻繁に入れ替わります。

3日常的に行くなら価格の安いお店を選ぶ
トレーダージョーズの商品は、他店より安い場合がほとんどです。なぜなら大量の商品を現金で仕入れ、こだわり生産者のよい商品を確保することで、継続的に安い価格を設定できるようにしているからです。

楽しさと気づきのある店づくり

ここまで聞くと、読者の方々は、確かにトレーダージョーズって魅力的だけれど、何か「安っぽいお店じゃないの」とイメージされると思います。

不況に売り上げを伸ばす企業には、まず安さ＝お得感が不可欠ですが、「安っぽい（安売りのこと）」売り方だと、これからのお客さんは見向きもしてくれません。

トレーダージョーズは、倉庫型にありがちな「安っぽい」雰囲気を「3ステップ商品陳列」で見事に吹き飛ばしたのです。

トレーダージョーズの商品構成は、嗜好品コンセプトから成り立っています。

そしてこれら商品を、お店の中央部に位置する特別仕様の陳列棚で上から下に3ステップで関連性ディスプレーを導入し、流れるようにお客さんに見せているのです。

例えば上の写真、上段には、ビスコッティ（イタリア・トスカーナのお菓子）を陳列。必ず蛍光照明を当て、パッケージが光るように演出し、お客さんの注目を集めるようにしています。

続く中段には、メープルシロップを配置。光を跳ね返すボトルの透明感と中が見える鮮度感で、おいしさと香りを演出。

また上段商品ビスコッティをメープルシロップに浸して食べる贅沢な食べ方も教えてくれています。

最後に下段では、平台で冷凍食品を陳列。商品パッケージの色が鮮やかなレモネードドリンクやメープルシロ

ップを使うフレンチトーストやパンケーキ、

そしてバナナフリッターを見せ、メニュー提案をしています。

今までスーパーにおいて、手間をかけない生鮮品以外の商品は、主力になりえないと思われていました。

しかし、手間をかけない商品を主力にしても、嗜好性を軸にした商品構成を実践し、楽しさと気づきがあるお店を演出すれば、メンテナンスコストを抑えることで提供できる価値ある価格がお客さんのリピートを生み、客単価アップを可能にし高収益を実現できるです。

●1ドルのワインで利益を生み出す仕組み

ある日米国セミナーでトレーダージョーズを視察に行くと、開店直後にお店を訪れたお客さんがある場所に群がり始めているのを目撃しました。

私たちも地元来店客に負けじとその商品に向かうと、何とそれは「1ドル99セントのお店だけの限定商品、格安カリフォルニアワイン「チャールズ・ショウ（Ｃｈａｒｌｅｓ Ｓｈａｗ）」でした。

このセミナーに参加したある日本のスーパーの店長はこの状況を目の当たりにして「このお店にワインの売り上げ構成比は、どれぐらいなんですか？」と私に質問されました。

以前インタビューしたトレーダージョーズの店長によると、ワインの売り上げ構成比は12％にも及ぶとのことでした（日本のあるＧＭＳ〈総合量販店〉でワインをよく売るお店で売り上げ構成比は８％）。

トレーダージョーズはワインの売り上げ構成比で見る限り、従来のスーパーとは異なり、居酒屋に近い利益を生み出す仕組みをとっていると言えます。

1ドル台のワイン商品は、売り商品です。なぜなら、このお店しかなく、こだわりがあり（ここが、安売りと違う）、安いからです。

トレーダージョーズを支持するお客さんの特性は、ワインを好きな人、ワインが欲しい人、ワインが必要な人です。だから、トレーダージョーズは、ワイン以外の扱い商品も嗜好品に絞り、それらを自主開発することで、粗利益率を40％と高い数値でキープしたのでした。

お客さんはワインがなくなれば、お店を訪れます。すると、そこには例え1ドル台のワインがなくても、ここしかない4ドル台のワインが必ず品揃えしてあります。ワインを物色しながら、お店を見て回ると、まるでソーテーヌをイメージさせる、甘さいっぱいの光ったメープルシロップが見え、その上には食後酒と共に楽しめるビスコッティが陳列されているのです。

例え1ドル台でなくとも4ドルのワインを買ったとすれば、多くの人がワインを締めくくるビスコッティをあと一品手に取る確率は非常に高いのです。

商品構成と商品コンセプトの軸にブレがなければ、1ドルのワインが利益を生み出す、いや利益を生み続ける仕組みが完成するのです。

売れるチラシは値段が目立たない

私の知っている日本の某スーパーは、鮮度のよい商品を仕入れ、それらを提供しているのにも関わらず、売り上げが思うように上がりません。常にチラシを配り、日々の売り上げを何とか維持しているのがやっとでした。

そんなある日、私はそこのオーナーと食事をする機会があり、こんなことを聞かれたのです。

「やっぱりよい商品はある程度の価格になるし、それだとお客さんは来なくなるのですかね～?」

そこで私は「オーナーはある程度の価格だとたとえよい商品でも売れないと思い込んでいるのではないのですか?」と聞いてみました。

するとそのオーナーは「やっぱりそう思いこんでいますね……」と答えてくれたのでし

た。

よい商品とは、お客さんによって違います。

どれをよい商品と思うか、その判断基準は、皆違うのです。

あるお客さんにとって「よい商品」とは、鮮度のよさであります。またあるお客さんにとって「よい商品」とは、品数の多さでもあるのです。

スーパーでは、鮮度が悪いのは論外ですが、お店が、お客さんにとってこれは「よい商品」だと思い込んでいることが多く、実はお客さんがそれを求めていないことも結構多いのです。

このことに気づかないお店は、よい商品を提供しても売れないのは、価格が高いからと勝手に解釈し、チラシを配り、クーポンをつけ、割引することで売り上げを維持しようとしてしまいます。

チラシに特売価格を打ち出すことは、悪いことではありませんし、クーポンをつけ、お客さんを誘引することも結構です。

問題なのは、お店が、割安な価格で来店されたお客さんに、どのようにアプローチしてリピートしてもらえる仕組みをつくり、どう利益を生み出すかなのです。

例えば、トレーダージョーズで月1回のペースで店頭に配置されるチラシには、価格が大きく掲載されていません。

チラシに掲載されているその内容とは、大きく分類すると次に上げる5つの項目なのです。

価格に訴えないチラシ5つの項目

1ストーリー
トレーダージョーズのお店の前で数名が語り合う「幸せ物語」。
例：抽象風の漫画で近隣の住民が、チラシを見ながら口々に意見を語っている「トレーダージョーが近所にできるまでは、何を食べてたっけ?」

2用途別一押し商品
外食で今流行のメニューを独自商品で開発、その調理法とつけ合せ商品の場所を明示。
例：買いだめに適した冷凍食品

「今中華レストランでブレイクしているアジアスタイルチキンレタス巻きをトレーダージョーズが発売。2ドル99セントで3つのパッケージに小分けされ、トッピングのクリスピーヌードルもついています。併せてレタス巻きには、ロメインレタスをどうぞ」

3調理法と料理法
料理名を載せることで食卓の贅沢感を味わえ、シンプルな調理法を載せることで手軽さをアピール。
例：ミックスグリルシーフード－サーモン、おひょう、びんちょうまぐろ
「夕食の魚を家族みんなに聞けば、それぞれ好みが違うかも⁉　でもトレーダージョーズのグリルディナーミックスなら問題なし。『人気の魚ベスト3』ノルウェーサーモン、アラスカおひょう、フィジーびんちょうまぐろを切り身にして、パックしました。料理法は同じ時間お好みでグリルして、ついているレモンを絞るだけ。バラエティー、シンプル、おいしく、そして完璧です」

4保存料と添加物
加工食品などの素材を解説。

例：保存加工しないホットドッグ
「私たちは9歳児と同じぐらいホットドッグが大好きです。でも、ホットドッグに含まれる保存料や添加物は誰もがきらいなはず。だからトレーダージョーズは今長年かけてつくり上げた保存加工しないトレーダージョーズホットドッグをお届けします」

5サプライズ価格と限定販売
ワインを中心に限定の扱い量と販売経緯を紹介。
例：キララシャルドネ&カベルネ　価値ある価格　ボトル4ドル99セント
「ここ20年以上世界で卓越した評価を得ているオーストラリアワイン『キララワイン』は期待通り、いや期待を上回るできです。そしてモンダビとローズマウントでつくり出されたキララワインは、オーストラリアで育まれ、カリフォルニアスタイルに仕上がりました。今回は今までの3倍量を買いつけ皆様にお届けします」

チラシはお店がお客さんとつながる効果的なPRツールです。
価格を前面に打ち出せば、このお店は「価格の安さ」が売りだとお客さんも思いこんでしまいます。

不況だからこそ、チラシで訳もなく安さだけがアピールされると売れなくなります。

その理由は、たとえ安さというお得感が商品に備わっていても、「それをなぜ購入するのか?」という後押しが価格以外にないと、お客さんはここで買う意味がないと最終的に思ってしまうからからです。

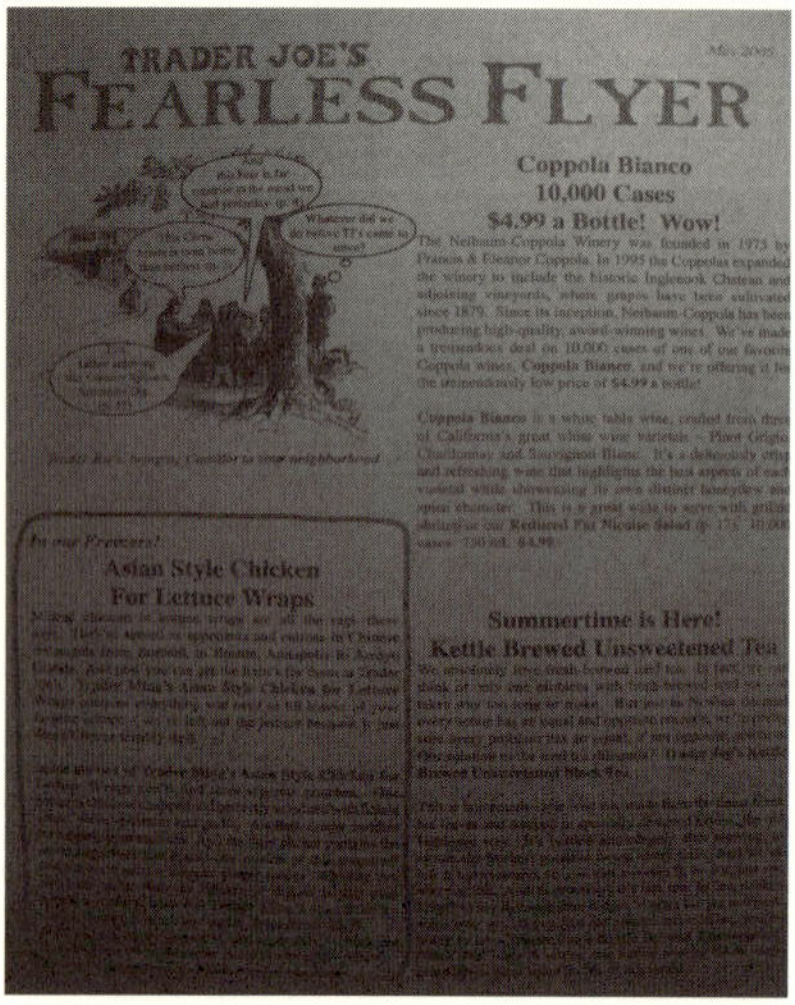

トレーダージョーズに顧客がリピートしたくなる仕組み

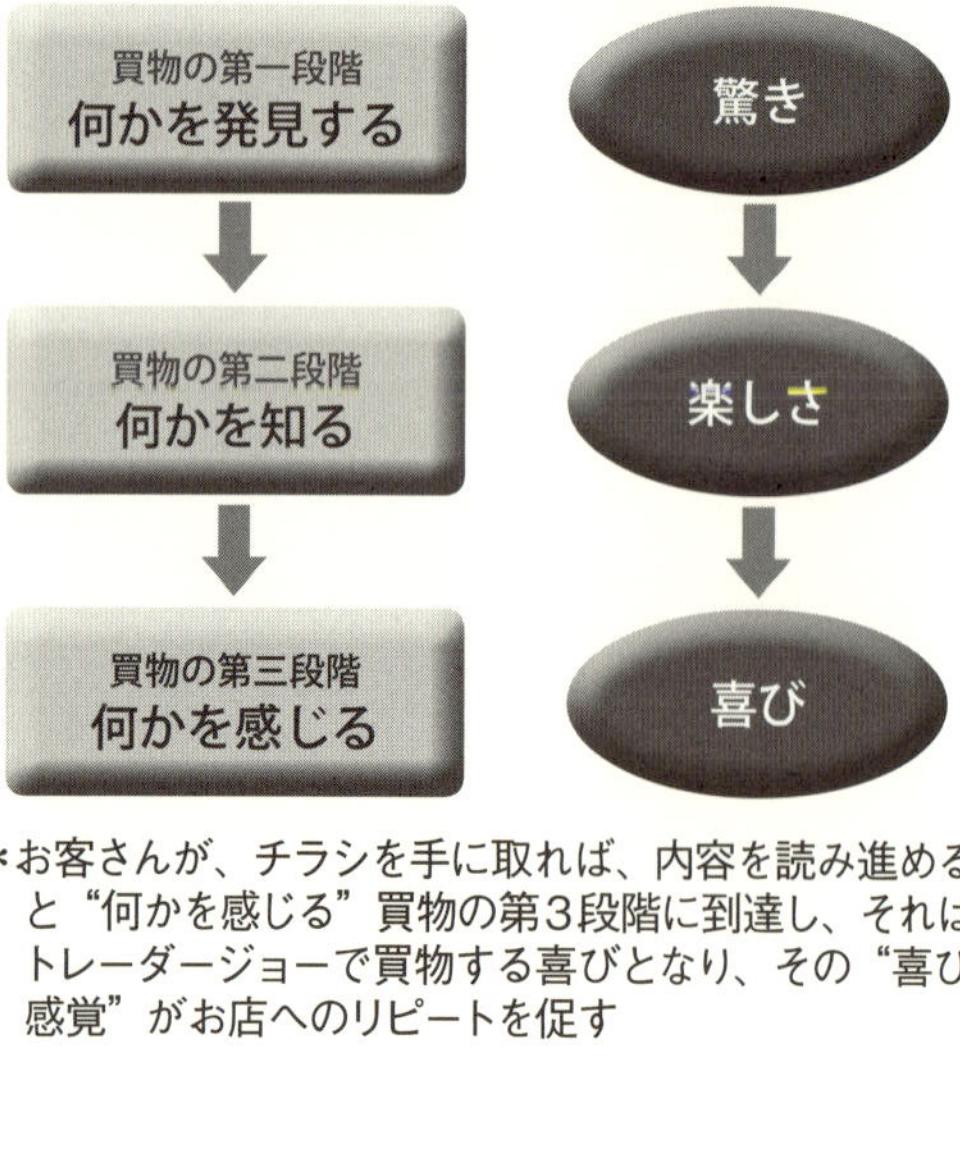

＊お客さんが、チラシを手に取れば、内容を読み進めると“何かを感じる”買物の第3段階に到達し、それはトレーダージョーで買物する喜びとなり、その“喜び感覚”がお店へのリピートを促す

14日で商品を回転させるH&Mの買いたくなる売り場手法

世界のショーウィンドーマンハッタン5番街の「H&M」には、人が入れ替わり、立ち替わり、入っていきます。この状況を見たセミナー参加者の質問は、「なぜこの店が売れるのか?それは価格なのか?」でした。

私は、お店の担当者に、この内容をそれとなく聞いてみました。すると、次のように答えてくれました。

「このお店は安さだけではありません。お店の売り場は2週間ごとに変わります。だから、お客さんは、お店の鮮度感を察知して、買いたくなるのだと思います」

H&Mで買いたくなる理由。

それは一言で言うと、今の流行を肌で感じさせる「賑わい感」「高揚感」「スピード感」が、品質と価格で訴求するユニクロと一線を画す形で、売り場に再現されているからです。

確かに、旬のかっこいいファッションを10ドル台、または10ドル以下で自分のものにできることは魅力的です。が、安さだけでは、例えお客さんがたくさん入っても、それら商品を数点買うという行動までには至らないはずです。

H&Mは、「ファストファッション」と呼ばれ、それは流行のアイテムをいち早く大量に、しかも安く提供するファストフードに真似てつくられた言葉です。

日本のユニクロは、同じファストファッションながら、コンセプトをファッションベーシックとし、H&Mが掲げる「チープ&シック（手頃で粋な）」とは対照的です。

H&Mの強さとは、不況にアピールする価格もさることながら、実は14日で売り切る商品とそうでない商品をミックスさせ、ユニクロより扱いアイテムが多くても、高回転を生み出せるその幅広い年齢層を相手にするターゲットMD（商品構成）なのです。

フィッティングルームはなぜキャッシャー近くにあるのか?

「なんでこんなに混み合っているの??」

「どうしてフィッティングルームが、ここにあるの?」

これらの疑問は、日本開催の売り場セミナーでH&Mを訪れたときに、参加者からいただいたものです。

売れるセオリーとは「買いやすい環境は、お客さんに高い満足度を与える」。

それに従えば、先ほどの質問は理にかなったものです。

しかし、しかし、このお店は、買いやすくない環境なのに、売れています。

なぜなら、売り場には「賑わい感」が必須だからです。

モノの余った今、賑わい感がなければ、売れないと言っても過言ではありません。その理由は、人が群がっていれば、人が人を呼び、それが活気につながり、活気があれば、買いたくなる気持ちになるからです。

H&Mは、この顧客心理を重視しました。

H&Mの商品は、迷ってしまう価格ではなく、買ってもいい、そして、一回着られればいいと思ってしまえる価格です。

であればもしかしたら、お客さんは、今、手に取った商品だけでなく、それ以外の商品も買いたくなる可能性があるかもしれません。

不況の今、お客さんが買いたくなる理由は次に挙げる3つです。

1今しかない
2ここしかない
3私しかない

実はH&Mは、お客さんにこれら3つを店舗で感じてもらい、客単価をアップさせているのです。

不況の今、お客さんが買いたくなる3つの要素

1今しかない

ニューヨークマンハッタンのH&Mでは、1日4回商品が搬入されます。つまり今、お客さんが手に取った商品をすぐに買わなければ、数時間後にはなくなってしまうかもしれないのです。

H&Mはフィッティングルームをキャッシャー近く（または人目につく場所）に配置することで、今買わないとなくなるという切羽詰った状況を、お客さんにお店でリアルに体験をさせたのでした。

例えばキャッシャー近くにフィッティングルームがあれば、そこに人の列ができ、賑わい感が生まれます。そして、試着してから買おうと迷っているお客さんが、レジ待ちの手にたくさん商品を抱えたお客さんを見て、そこに同じような商品を見つければどうでしょう。

「今買わないとなくなる」と、感じ始めます。早く買わなければなくなるというスピード感は、試着に並んでいるお客さんのもう一点買おうと決断する「ＯＫボタン」押す後押しをするのです。

2ここしかない

H&Mは、トレンドからベーシックまですべての商品を自主商品として扱っています。これだけ広範囲の商品があれば、訪れた多くのお客さんは、「これいいな‼」と思える商品に出会う確率も高くなります。

しかし、H&Mがもしいろいろな所にスターバックスのように展開していれば、お店を訪れたお客さんが、ここしかないというイメージを持つのは、至難の業です。

H&Mは、地域ごとで扱い商品を変え、例え日本の同じH&Mのお店でも、ここだから扱っているという独自の商品構成にしています。広い年齢層を対象にする、トレンドからベーシックをカバーする商品群でも、お店独自の商品構成にすることで、お客さんに、今来ているお店H&Mは、「ここしかない！」と思ってもらい、H&Mの売りである「鮮度」をアピールし、どこにでもあるチェーンのお店とは一線を画しているのです。

3私しかない

アメリカのH&Mを訪れたとき、ある女性がこう語ってくれました。

「品質はOK。私にとって大事なのは、スタイルなの」

Ｈ＆Ｍは「チープ＆シック」というスタイルを売っています。お店にはいたるところで、「手頃で粋な（シックな）」スタイルをイメージできるように商品陳列されています。例えばそれはスパンコールのドレスだったりします。

銀座のＨ＆Ｍでは、このドレスをずっと見ているお客さんがいました。このとき、お客さんはこう思っているはずです。

「私しか似合わない。でも今買うべきか⁉」

Ｈ＆Ｍで扱う手頃でシックな商品が教えてくれる、自分しか似合わないスタイルは、お客さんに高揚感を提供しています。

●箱型レイアウトが定番商品売り上げをアップさせる⁉

H&Mは入ると、まず「この服、どんなとき着るの⁇」という非日常感覚いっぱいのトレンド商品「スパンコールのドレス、アニマル柄のコート、旬の素材とレモン色のサブリナパンツ」を見せてくれます。

これは、すごい「インパクト」となります。

なぜなら、その下には、「この商品が3000円台とか、2000円台で手に入る」という価格が見えるからです。この興奮が冷めやらぬ間にお客さんは、季節を感じさせるPOPを見ながら、トレンドの色、素材をまとったマネキンのコーディネートを眺めるのです。

H&Mはお客さんがいろいろ眺めている間にも、必ずトレンドのワードローブ（コーデイネート計画ができる商品）が見えるように陳列してあります。

一例を挙げると、９０００円台のアーミー調ジャケットなどです。

お客さんは、この商品に目を奪われます。

このデザインでは、いつ、どこで、誰とというＴＰＯのアイデアがすぐには浮かばず、またプラスこの価格では、やはり買う決断までには至りません。

しかし、このデザインは確実に記憶に残ります。

そして、お店を順繰りに見ていくと、自然な流れで、箱型にレイアウトされた売り場に入っていきます。するとそこには、上段には見あげるようにマネキンが立ち、ちょうど目線当たりには、トップスとパンツまたはスカートが見え、さらに下段にはインナーに着こなせるカラフルで、少しデザインに凝ったアイテムが、豊富なサイズ、色で整理整頓されているのです。

Ｈ＆Ｍが利益を生み続ける仕組みは、このように華やかなトレンドアイテムのアピールだけではなく、実は地道なベーシック定番商品を買いたくなる商品陳列とその店舗レイアウトにあるのです。

H&Mの店舗レイアウトの一例

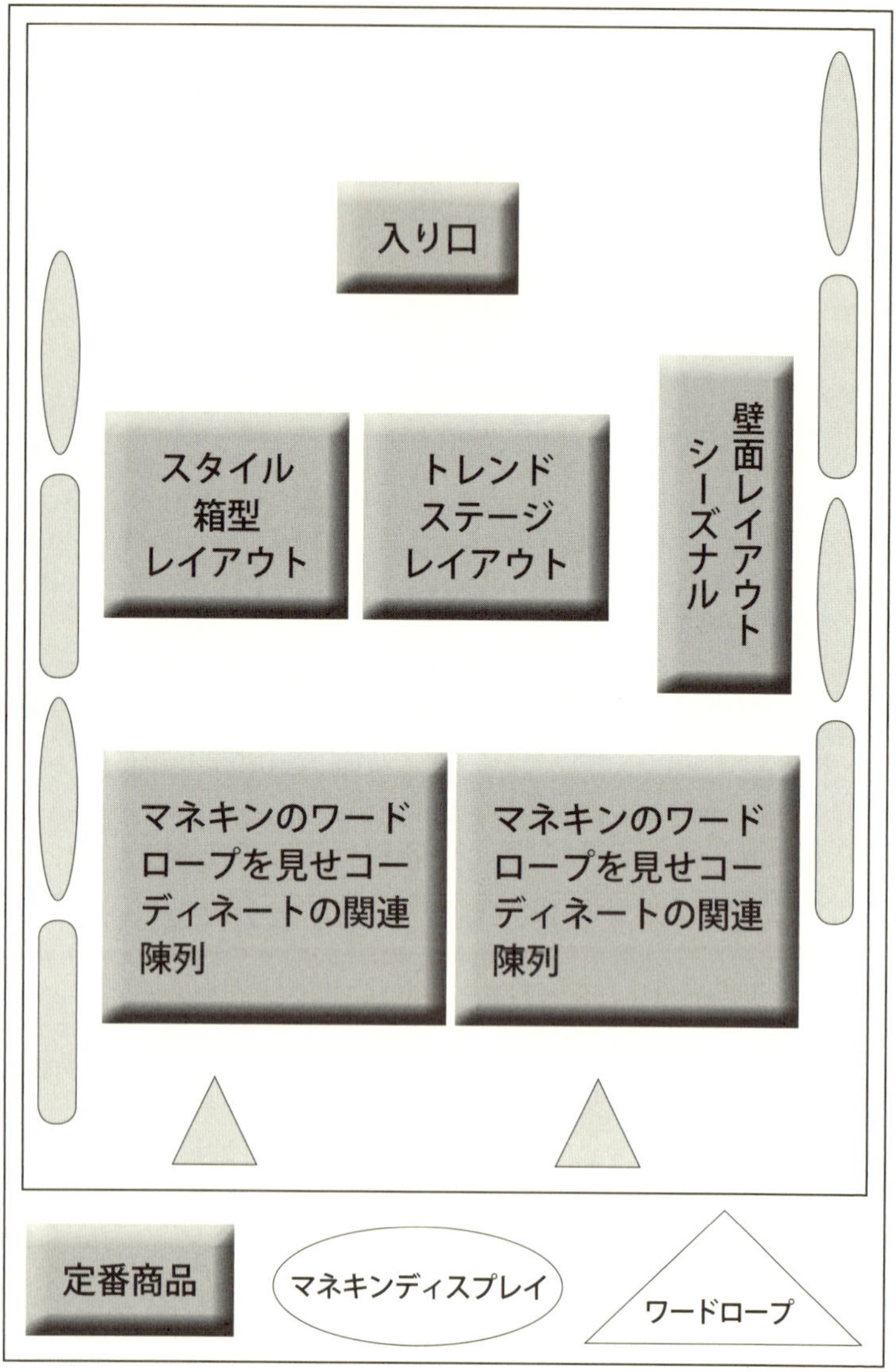

買ってから判断する気軽さの演出!!

H&Mでは「買ってから考えよう」というキャッチフレーズを、あちこちで見かけます。お店で出会ったあるお客さんは、「試着する時間がないときは、とりあえず2サイズ買う!
そして、合わないときは片方を返品する」と語っていました。お客さんは、「ちゃんと納得して着回せる物を買える」H&Mに満足しています。

このようなサービス、今までH&Mしか提供していなかったかというと、そうではありません。例えば、デパートでも同じような場合であれば、大体、無料で返品できるはずです。

ではなぜ、H&Mのみが、このようにお客さんから高い満足度を得ることができたのか。それはH&Mのビジネスモデルにあります。

H&Mはファストファッションである限り、売り尽くすことが使命です。

なぜなら、トレンド商品の多くは売れなければ、在庫＝廃棄ロスになり、しかも前の商品が売れなければ、店頭に並ぶべき最短2週間という新しい旬の商品が陳列されるスペースを店頭に確保できなくなるからです。

旬のトレンド商品が店頭に並ばなければ、定価で売れることで可能な粗利益率（59・1％）の獲得は難しくなり、また鮮度のよいこれらの商品がなければ、瞬発力のない定番商品も売れなくなり、トレンド商品と定番商品の商品回転バランスがとれなくなってしまうのです。

H＆Mが提唱する「買ってから考えよう」というキャッチフレーズは、お客さんが、手軽な価格でトレンドを手にする買い物体験に「もう1点（品目）いかがですか？」という後押しの役目を果たし、お客さんに安心感を提供しているのです。

こうして高い確率でお客さんが、もう一品買ってくれることで、店頭在庫がなくなる仕組みを構築し、それはH＆Mの高収益を支えています。

細部にこだわるイケアの買い物体験ストーリー

日本の百貨店を対象とする店舗視察セミナーをフランスで開催した際、現地でのフランス人の家族へのインタビューで、「どこでインテリア関連の商品を購入しますか?」と聞いたことがあります。

するとその答えは、「イケアです」というものでした。

おしゃれなパリジャンは、インテリアなどの商品ならパリにあるBHV(ベーアッシュベー)というホームセンターのお洒落版である多層階のデパートのようなお店で、てっきり買い物でもするかなと思っていたのですが、なんと実は郊外に店舗があるイケアでした。

イケアが日本だけでなく欧米でも人気を博する理由は、この3つがあるからです。

1楽しさ――

2便利さ――

3 簡単

イケアには、一方通行で買い物させる面倒さがありますが、それを上回る、いや忘れさせる売り場の仕掛けが先ほどの3つの要素でつくりあげられています。

イケアのお店は、買い物を体験ととらえ、2階をショールームに仕立て、お客さんが売り場を回ることで、細部にこだわる商品構成と陳列演出で、住まいづくりにストーリーを感じ、家を外面から、そして内面からつくりあげる楽しさのプロセスを通して、7000坪はあるお店を飽きずに回ってもらえる仕組みを確立したのです。

買い物をイメージさせる小道具の使い方

「いよいよイケアに到着します」

米国セミナーでバスがサンフランシスコ郊外のお店に着くと、まず見えてきたのが、お店の壁面に大々的に吊り下げられた縦7メートルはゆうにあるるIKEAカタログに浮かび上がった「NEW　ARRIVAL（新商品）」というキャッチと、その横に見える「ホームファニシング」という文字でした。

イケアは、お店をホームファニシングと呼んでいます。

ホームファニシングとは、ホームファッション（生活空間を服装のようにファッショナブルに演出すること）の一部でもある寝室・浴室・台所・食堂など生活全般に関する家具や設備を一括して取りつけ、飾りつけ、装うことを指します。

つまり、イケアは、お客さんに家具や設備を装うプロセスを通して、楽しさをイメージしてもらおうと考えているのです。

事実、イケアを訪れた地元のお客さんは、入り口で出会う100個、3ドル99セント（400円ちょっと）の大量のキャンドル広告を見つけると、口々に「これ安いなあ〜。で、こんなにたくさん買ってどうする?」と言いながらも、すぐ後に出会うキャンドル100個の詰め合わせ大パックを何やら楽しそうに、覗き込んだりしているのです。

イケアの商品コンセプトは、「楽しさ」です。

一度入店すれば、目の前には、収納ボックスが天井高く、十数個×十数個積まれ、2階に上る階段すぐには、「ケーキバイキング6ドル、ミートボールスパゲッティ2ドル50セント」というメニューの看板が見え、奥には子供の遊び場や映画館（子供専用）まで利用できます。お客さんに延べ7000坪の売り場を楽しく買いまわってもらうには、お店に来た瞬間に、家を整備する義務的な買い物を、家を飾りつける楽しい買い物に変える必要があるのです。

イケアでは、お客さんは店内に入るとお店の順路表示に沿って、2階へと進み、ショールームフロアを通過すること（義務ではない）になります。

そのときメインのフロアに進む前に、箱にあふれるほど陳列されている2ドル台（250円ぐらい）のサラダボールが目につきます。これはウォルマートが導入する単品大量陳列とそっくりで、まさに大量＝驚き＝ワクワクの演出でもあります。

なぜショールームの前に、このような商品群、つまり小道具をお客さんに見せるのかというと、イケアの提供する価格の手軽さをお客さんに印象づけ、これからショールームを進んでいく途中でもこの価格帯（3桁の価格、100円台の価格のこと）商品を宝探しする楽しい買い物気分を継続してもらいたいからなのです。

このように手軽で、ユニークで、手の届く贅沢ができる商品は、お客さんが例えショールームを回り始め、高そうなキッチンや家具を見たとしても、何か必ず買うものがあるという安心感を提供します。

メインフロアを進んでいくと最初のショールームに遭遇したお客さんは、目の前に広がるおしゃれなお部屋を、自分自身のお部屋と比較し、シュミレーションすることで、「この商品があれば、こんなふうになるだろうな」とイメージを膨らまし、実際目の前にある商品は買わなくても、次は何かなとワクワク感をもちながら、先に進んでいきます。

そしてショールームを先に進むと、部屋の間取りに合わせた、コーディネートパターンが数タイプ展示され、そこにはお客さんの声をまとめた「実は、お部屋のこれで困っていた??」というPOPが掲げられ、お客さんは、この部屋で実際に、お部屋にある問題点を実体験し、その解決策を想像しながら、楽しそうに次に見える、「解決したらこうなる!」というブースへ、サンプルのお部屋を巡るツアーを続けていくのです。

このような流れの中、右に左にさまざまなお部屋を見ながら進んでいくと、ときには、8ドルという驚く価格のテーブルチェアが目に留まったりします。

それらの商品は、カラー別で碁盤の目のように整然と床に展示されることで、お客さんの視線を誘い込み、奥にある23ドルの木目のしっかりした英国調のテーブルチェアや、その上段の100ドル台のスタイリッシュで仕様のよさそうなテーブルチェアを見てもらう役目を果たしています。

3プライス商品構成のすごみ

一緒に店内を回ったホームセンターの幹部社員の方が私にこう耳打ちしてくれました。

「うまいですね。ショールームの中では、この23ドルのテーブルチェアが一番目立ち贅沢感一杯で飾りつけられていました。それと8ドルと上段の100ドルのテーブルチェアが効いてますね。あの価格であのデザインで8ドルと、いかにもいい感じの高品質ブランド商品が100ドル台。これでイケアがなぜショールームを見せるのか、が分かりました」

ショールームをひと通り見たお客さんは、目立った価格の8ドルのテーブルチェアより、自分のお部屋とシュミレーションした実際のお部屋にインテリアとして飾ってあった23ドルの商品に、そのよさをリアルに確信するようになります。

イケアが不況でも売り上げを上げることができるのは、単に倉庫をお店に変え、自社商品を提供する価格の安さだけではなく、一見関係ない小道具的価格の商品（8ドルのテーブルチェア）を陳列し、それをお客さんに見てもらうことで、最高価格の商品（100ドルの商品）もついでに比較してもらい、実は少し単価の高い、一つ上の商品（23ドルの商品）のよさを確信できる3プライス商品陳列にあるのです。

●商品だけが来店動機ブースターではない

イケアの最低滞在時間は、大体4時間と言われます。これはテーマパークと同じ長さです。

イケアはお店の大きさゆえ、郊外しか出店場所が見つからず、お客さんは訪れるために時間をかけます。だからお客さんは無理をしても、このようにゆっくり滞在しますが、通常は滞在時間が長くてもイコール売り上げアップにはなりません。

イケアは、滞在時間中にお客さんがどのような行動をするかを注意深く調べ、食事をすることで売り上げアップを狙おうと考えたのでした。

アメリカでは、「なぜイケアに行くか？」と聞けば、「朝食が、99セント（日本では99円）で食べられるから」という人がいます。

イケアに来店してもらう動機は、商品だけではなく、レストランでもあるのです。実際、米国セミナーの途中、イケアで食事を参加者と食べたとき、あるハウスメーカーの幹部が私にこう聞いてきたことを覚えています。

「この食事お得ですね。味も悪くないし……。でもお客さんが、この食事だけで何も買わなければ、イケアは儲かるのですか？」

イケアでは、お店のメンバーになれば、レストランや商品の優待を受ける権利ができるため、来店客の多くが高い確率でメンバー登録を済ませています。
実は、レストランで食べる価値ある価格が、お客さんのメンバー化を促進し、お店へのリピート率と買い上げ率をアップさせているのです。
不況にお客さんを呼ぶには、商品ではなく、商品以外の便利さでお客さんを呼び、リピートを促す仕組みが不可欠なのです。

●ホームセンターからオンリーワンポジションを確立する

イケアは、すべてが「簡単で分かりやすく」できています。

イケアで扱う多くの商品が、組み立てるだけですぐに使えるというのもその一つです。

今までDIYを中心とするホームセンターでは、多くのお客さんが、素人（特に女性は）には扱いにくい、そして買いにくいと思いながら、買い物をしていました。

そこでイケアは、自社の商品領域を飛び出し、ホームセンターの素人には分かりにくいDIY商品群をホームファニシング（家を装い飾る）という切り口で18の用途に分類し、お客さんにDIYが簡単で、やってみると家がどのように変わるかまでショールームで見せることで、その楽しさを演出してみたのです。

イケアを視察したある日本の工務店の経営者は、こう語ってくれました。

「イケアは、家を装い、飾ることが簡単で楽しいことだとお客さんに、お店のショールーム体験を通して、実感してもらうのですね。するとお客さんにとっては、イケアが、どこにもない家のテーマパークだと分かり、オンリーワンの存在になるのだと思います」

イケアが分類する18の用途

- アウトドア
- キッズ
- キッチン
- クッキング
- スモール収納
- ダイニング
- ティーンネージャー
- テキスタイル
- デコレーション
- バスルーム
- ベッドルーム
- ランドリー
- リビングルーム
- ワークスペース
- 照明
- 玄関
- 補助収納
- 食卓

トレーダージョーズが不況に売り上げを伸ばせた理由

「Creativeクリエイティブ（独自性）」
オリジナルレシピ、開発メニュー……3ステップ陳列とチラシでPR

「Crowdクラウド（賑わい）」
流行感商品、サプライズ価格……ちらしとPOPで演出

「Coordinationコーディネーション（調和）」
新しい食べ方……3ステップ陳列とちらしで連想

H & Mが不況に売り上げを伸ばせた理由

「Creativeクリエイティブ（独自性）」
自主商品、セールスフレーズ……2週間で商品回転、買ってから考えよう

「Crowdクラウド（賑わい）」
フィッティングルーム、箱型レイアウト……人が集まる仕掛け

「Coordinationコーディネーション（調和）」
店舗レイアウト……らしさを発見できる商品構成と商品陳列

IKEAが不況に売り上げを伸ばせた理由

「Creativeクリエイティブ（独自性）」
自主商品、遊技施設……手の届く贅沢商品、子供を呼ぶ

「Crowdクラウド（賑わい）」
レストラン、小道具……メンバー制のPR、ユニークな商品と驚き価格

「Coordinationコーディネーション（調和）」
ショールーム、自主商品……イメージ化、自主商品同士だからできる組み合わせ

第3章のまとめ
〜不況に売上げを伸ばす最注目3企業の最強のルール〜

ルール 1　品質や素材より、スタイルを売る

安さや価格だけではなく、商品構成でスタイル（生き方）をアピールする

ルール 2　自主商品で常に売れる商品コンセプトを確立する

自主商品の特徴を活かし、ユニークな品揃えを仕組み化し、非日常と日常両方のニーズをカバーする

ルール 3　お得感で客数を増やす

ここしかない売り商品で客数を最大化する

ルール 4　キャッシュポイントが明確

キャッシュポイント（利益を生み出す商品）を確定し、それが売れる仕組みをつくる

ルール 5　限定商品がホットな掘り出し物でもある

自主商品の中から、今しかない、ここしかない、私しかないという限定商品を高頻度で提供する

ルール 6　人で賑わう場所がある

店舗レイアウトや大量陳列、特定商品によって多くの人が興味を示す売場をつくる

第4章

顧客満足より大切なもの

―サウスウェスト、マクドナルド、ユニクロの事例から

この章のポイント

1 経営者になるまでの歴史が、会社の存在価値をつくる
2 M&Aの成功は、会社の存在意義を共有できることが条件
3 経営者になるか、経営者であるか、は会社が成長するための軸となる
4 どんな方法を取っても、お客さんの変化に気づき、対応すべきである
5 会社という船が、1つの目標に向かい見返りを得る喜びをつくる
6 会社の存在価値に社員が共感すれば、ハードワークが苦でなくなる
7 自主性は管理しないことから生まれる
8 3つのレベルが自主性を育む
9 企業風土は、会社を一つにまとめる
10 権限を仕組み化すれば、リーダーは育つ
11 シンプルな任務は、現場士気と売り上げがアップする
12 社内に口コミが起これば、売り上げは上がる
13 日々のモチベーション維持は、チームプレー的要素が不可欠だ
14 経営者のこだわりがパッションと共に伝われば、離職率は減る
15 企業理念をシンプルで売り上げに直結する言葉に置き換えろ

会社は何のためにあるか？

あるスポーツ界の方に、「スポーツの世界は、勝ち残らなければいけないですよね。でも会社は生き残るだけでいいんです。だからスポーツのほうが大変じゃないんですか？」とお聞きしたことがあります。

するとこの方は、自身も総監督であり、負けが込めば解任というシビアさを重々分かりながら、会社経営の大変さに敬意を表して、こう答えてくれました。

「スポーツはたとえ負けても、食べれますよ。でも会社が負けたら（倒産したら）社員は食べれなくなるでしょう。会社のほうがシビアですよ」

スポーツと比較した、ビジネスのシビアさとは、スポーツは例え一度負けたとしても、次に勝てば、それはプロであってもファンも応援してくれる（収入が入る）こと。

しかし、会社は一度負けると（競合店に負けるまたはお客さんが離れる）、売り上げが落ち、その後この売り上げをもとに戻し、利益を生み出すようになるまでの苦労はスポーツとは比べることができないほど大変なのだというものです。

実際一度離れたお客さんを取り戻すためには、すぐに効果がある安易な安売りを導入するしかなく、その結果、会社は、短期的な売り上げを自転車操業して、社員に給料を支払うことも多々あります。

つまり会社を経営するシビアさとは、「社員に給料を支払う義務」「負けが許されない責任」「会社を存続させる任務」と言えるでしょう。

このように会社経営はシビアなのですが、そのシビアさも、経営者が、経営者に至るまでの歴史によって違ってきます。

経営者も、創業者であったり、2代目であったり、または銀行や商社という別世界から経営トップになる場合などさまざまで、それぞれの苦労の歴史がシビアさをつくりあげるのです。

そして、この経営者に至るまでに歴史は、間違いなくシビアさを通して、会社に深く影響を及ぼします。

「いや私の会社は、そんなことない……」

と言われる経営者がいらっしゃたら、「そんなことないという」言葉に含まれたシビアさが、会社に影響を及ぼすのだと思ってください。

この影響は会社に悪いとか、よいとかというものではなく、それが経営者のシビアさを投影した、会社の姿なのです。

この章では、経営者の何が会社に影響を与えるのかという観点で「どのような会社なら、これからの時代を乗り越えていけるのか？」を、三十数年間赤字になったことがないアメリカのサウスウェスト航空や、不況にも関わらず一日で28億円売り上げたマクドナルド、そして売り上げ5兆円を掲げアパレルで世界NO1を目指すユニクロを主な事例に挙げ、いろいろな会社をモデルにして解説していきます。

M&Aで生き残る意味とは??

「ラガービール」や緑茶飲料「生茶」で知られるキリンと、「モルツ」や緑茶飲料「伊右衛門」で知られるサントリーによる大手メーカー2社の経営統合が決裂しました。もしこの統合がうまくいけば3兆8200億円にも上る世界最大級の飲料メーカーが誕生するはずでした。

M&Aによって会社が大きくなる最終目的は、国内市場の収益基盤を強化し、成長が見込まれる海外市場を共同開拓し、世界的に勝ち残ることを目指すことです。M&A先進国アメリカでも、1998年当時売り上げ4位のアルバートソンズが、業界売り上げ高2位のアメリカンストアーズを買収し、一気に店数と売上高を倍増させたことがあります。

2つの同業企業が1つになれば、理論的には、地域の売り上げシェアが拡大し、取引先への交渉力も増すので、仕入れコストがダウンし、利益率はアップします。そして組織がシンプルになるので、本部経費が減り、販売管理費もダウンし、利益率はアップする、という2つのアップが効果として出てくるはずでした。

この合併は、シナジーを生み出せなかったのです。両社の合併がうまくいかなかった理由は、次の3つが大きな要因として考えられます。

1両社の運営する店舗の大きさが違った
2両社の商品政策（商品構成のプラン）が違った
3両社の企業風土が違った

私は合併前後、何度もこれら2企業のお店を訪れる機会があり、あるとき、生え抜きのアルバートソンズの店長がいるお店でこの合併後すぐに、現場の状況を聞いてみたことがります。すると店長は、こう答えてくれたのでした。

「いろいろ上（経営陣）のほうでは考えがあると思うけど、現場は大変だ。同じスーパーで働いていても、2社では現場の店長が重視する優先順位も違うから、あっち（アメリカンストアーズ）のスタッフがここで働くと、俺の言葉に『何言っているの？』なんて思っている顔をするんだ。困ったもんだ」

M&Aはすべてうまくいかないわけではありません。

アメリカでも、IT企業のシスコシステムズなど自社にない分野を買い足していくこと（M&A）でもともとのニッチな市場を成長させた成功事例などが紹介されています。

M&Aが成功するためには、2つの会社において、会社をカジ取りする3要素、企業規模、経営哲学、企業風土で互いにシナジーを生み出し、向かうべきベクトルを同じにできることが条件です。なぜなら会社は生き物で、その屋根の下にはヒト（働く人）がいて、資本の理論だけで経営陣が無理やりくっつけても、現場はうまくいくわけがないからです。

今後、日本国内では少子高齢化が進み、人口は減少していきます。

日本の中でも輸出型企業、ホンダやソニーは「選択と集中」を繰り返し、本来の強い分野でマーケットを求め勝負し、内需型企業である小売業の会社では、一部は総合化へ向かうでしょう。そしてユニクロなどは、小売でありながらも初めて輸出型企業のような成長戦略を描き、世界へ挑戦していこうとしています。

M&Aは会社を成長させるための一手法です。

でも、この手法に、「会社が何のためにあるか？」という答えを経営者が吹き込まなければ、会社は単に儲けを求めるだけの機械になってしまうのです。

●経営者になる人とそうでない人

アメリカでセミナーに参加された多くの経営者の方々を観察していると、誰も知らない食事場所に移動するときにある法則を発見することがあります。

それは「経営者は、人の後を歩かない」です。読者の中には、「いや私は絶対違う！」と言われる方がいらっしゃれば、謝ります。この例で何を伝えたかったかというと、「経営者は、常に先に判断し、動いている」ということなのです。

経営者は、自分で選んだ経営者としての道を歩みながらも、毎日忙しくして、とても疲れています。だから私は時々海外のセミナーに参加された経営者にこう聞きます。

「どうして経営者になったのですか？　で、これから会社をどのようにカジ舵取りしていかれたいのですか？」

すると海外だと、会社の社長としては言えない、本音を次のように漏らして頂けたりします。

「いや〜、実はもう会社をやめて、ゆっくりしたいのですよ」

経営者は、このように口ではゆっくりしたいとは言いながらも、実際は違います。例えば、いざセミナーでアメリカの高収益企業を訪れる段階になると、経営者の面々は、エンジンを全開にして、自身のこの目で「なぜ売れるのか突き止めてやる！」と情熱を懸けて、必死に探ろうとしているのです。つまり、経営者になる人は、なるべくして生まれてきた人で、その運命は変えることができないのです。

ただ経営者自身は、変わらないとしても、会社は、その成長過程のときどきにおいて、適切な経営者が必要であるかもしれません。

今マクドナルドはCEOに原田泳幸氏が就き、創業者の藤田田氏に抱いていた経営者への依存体質を変えようとしています。

藤田田氏は創業者であり、マクドナルドの経営者になった人であり、会社＝自分のものととらえていましたが、原田氏は経営者になるというより、経営者であるというスタンスを持った人です。だから原田氏は会社を私物化せず、常に「グローバル企業のマクドナルド」というフレーズで働く人に指示を出すことができるのです。

カジ取りする経営者と船を漕ぐ社員

あるメディアはユニクロの柳井氏が社員に向けて語った「これからは民族大移動だ」という言葉を報道していました。

柳井氏がこう語ったのは、ユニクロに創業当初のベンチャースピリットが見えなくなり、それに経営トップが危機感を抱いたからです。

以前セミナーで中小企業の経営者の方々に「お客さんの変化に一番初めに気づく人は誰でしょうか?」と質問したことがあります。

そのときリストアップされたのは、

1経営者
2現場スタッフ
3電話を受けるスタッフ

でした。そして次に、「お客さんの変化に一番初めに対応する人は誰でしょうか?」とお聞きしました。するとその答えは、

1経営者
2?
3?

だったのです。

この結果が意味する重要な点とは、会社のほとんど全員が、最も大切なお客さんが変化してきていることに気づいているけれど、真っ先に対応するのは経営者しかいないということです。

規模によりますが、多くの中小企業では、経営者が前線に立ち、お客さんの変化にすぐに気づきます。しかし会社が成長し大きくなれば、なるほど経営者はお客さんから離れてしまいます。

成長するに従い、経営者がお客さんと距離ができてしまうのは仕方のないことですが、規模を理由に、会社の現場がお客さんの変化に敏感に反応しないようになると、これは危機的状況でもあるのです。

なぜなら会社は、経営者がカジ取りする船と同じで、働く人は、社員である・ないに関わらず、全員がその船に乗り込み、櫓を漕ぎ、経営者がカジ取りする方向に向けて、進んでいくからです。

漕ぎながらも船に穴が開き、水が入っている（お客さんが変化している）ことに気づいた誰もが穴を塞がなければ（お客さんに対応する）、船は沈む（売り上げがダウンする）しかありません。

柳井氏が檄を飛ばした一言「民族大移動」とは、ユニクロが大企業病にかかり、お客さんの変化にすぐに対応できなくなってきていることに気づかせて現場の目を覚まさせる、経営トップからの警告ワードなのです。

●魚は全員で釣り上げる

以前、サウスウェスト航空を取材したとき、本部を案内してくれたマーケティング部の方に「サウスウェスト航空がお客さんに提供していることは何ですか?」と聞いたことがありました。

するとその答えは、「飛行機を時間通り飛ばすこと。それだけです」でした。

私はこのとき複数のそれらしい答え（顧客満足や高いサービス品質とか）を予期していたのですが、このシンプルな答えに驚いてしまったのでした。

不況でも会社は世の中の変化、つまりお客さんの変化に対応すれば、必ずその見返り（売り上げ）をもらうことができます。

ちょうどそれは会社を船に例えてみると、経営者がカジ取りした船が進む方向に狙った魚がいて、その魚（見返り）を全員で釣り上げることです。

会社は何のためにあるのか？

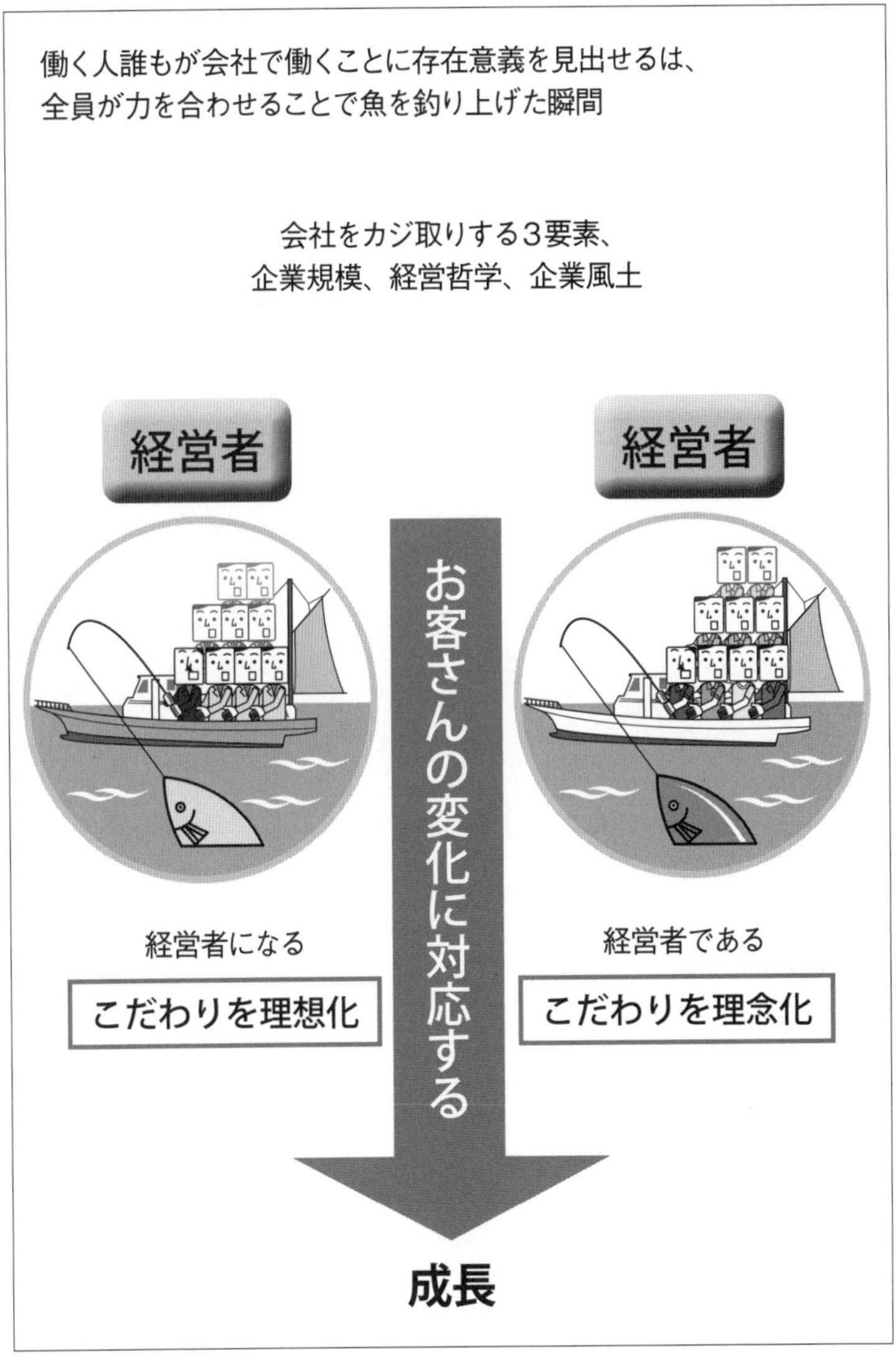
働く人誰もが会社で働くことに存在意義を見出せるは、
全員が力を合わせることで魚を釣り上げた瞬間
会社をカジ取りする３要素、
企業規模、経営哲学、企業風土
経営者
経営者
お客さんの変化に対応する
経営者になる
こだわりを理想化
経営者である
こだわりを理念化
成長

サウスウェスト航空は、全員が一致団結して飛行機を時間通り飛ばすことに全力を懸け、そのことでお客さんの満足度を高め、見返り（売り上げ）を受け取っています。

だから「飛行機を時間通り飛ばす」ことには一切の妥協がなく、あるときはパイロットがごみを拾い、またキャビンアテンダントも乗客が降りたと見るやすぐに機内清掃をすることで、できる限り飛行機を時間通り、早く飛ばそうとしているのです。

会社という組織は、働く人が一人ひとり存在することで成り立っています。

働く人誰もが会社にいる存在意義を感じるときは、全員が力を合わせ、魚を釣り上げた瞬間にあるのです。

社員は管理されたくない

サウスウェスト航空は、楽しい雰囲気を持った会社です。

その理由は、空港スタッフが短パンとポロシャツで働き、リラックスしているためです。

現場では、働く人はリラックスすると、なぜか力を発揮できるので、全員ハードワークをいとわないようになります。


ただ、全員がハードワークを苦にしなくなるには、1つの条件が必要です。それは「働く人が、会社の存在価値に共感している」ことです。

例えば、サウスウェスト航空では、お客さんとの約束を次にように掲げています。


1つは、安全。

もう1つは、時間通り運行すること。

最後は、荷物を紛失しないこと。

これら3つのゴールデンルールとも言える目標を会社が常に達成すべきものと設定し、数値化しています。そして、3つを遵守するためなら、あとは何をしてもいいことになっています。

こう聞いた読者の方は、「それでは統制がとれないだろう⁇」と思われるかもしてません。私も取材とセミナーを数えると、二十数回サウスウェスト航空に乗り、インタビューもしてみました。

確かに、日本の会社がイメージする、統制のとれ方とは、サウスウェスト航空は少し違うと思います。

日本人である私から見た目では、サウスウェスト航空の現場は、一見バラバラなのに、全員が同じ目標（3つの目標）に向かい、それを達成するために、ひたすら努力しているのです。

本項では、サウスウェスト航空で目の当たりにした、このバラバラでありながら、シンプルにまとまる社員が働く仕組みを日本のユニクロやマクドナルドの事例も交え、解説していきます。

社員は管理されたくない

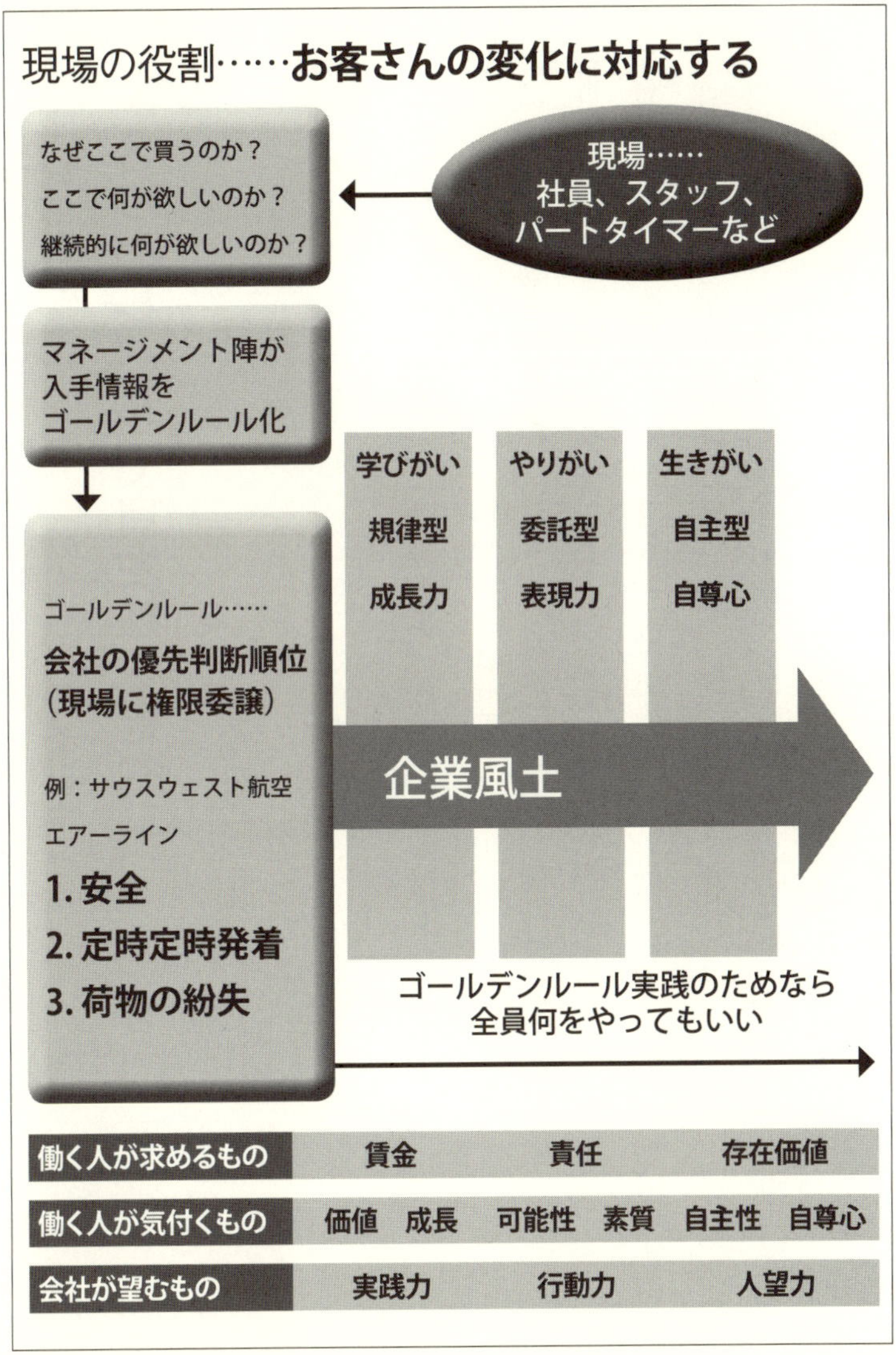
現場の役割……お客さんの変化に対応する
なぜここで買うのか？
ここで何が欲しいのか？
継続的に何が欲しいのか？
現場……
社員、スタッフ、
パートタイマーなど
マネージメント陣が
入手情報を
ゴールデンルール化
学びがい
規律型
成長力
やりがい
委託型
表現力
生きがい
自主型
自尊心
ゴールデンルール……
会社の優先判断順位
（現場に権限委譲）
例：サウスウェスト航空
エアーライン
1. 安全
2. 定時定時発着
3. 荷物の紛失
企業風土
ゴールデンルール実践のためなら
全員何をやってもいい
働く人が求めるもの　賃金　責任　存在価値
働く人が気付くもの　価値　成長　可能性　素質　自主性　自尊心
会社が望むもの　実践力　行動力　人望力

●3つのレベルで自主性を育む

「こんにちは」

この言葉が常に売り場で聞こえる会社にユニクロがあります。そして現場スタッフは、挨拶をしながらひたすら、商品の「整理整頓」を実践しています。

会社では、同じ行動をするようになれば、その人同士で親近感が生まれます。

この親近感は、皆で頑張ろうと言うようなチーム意識もつくります。

チーム意識は、「整理整頓」という行動だけではなく、先ほどの「こんにちは」というような言葉からも生まれてきます。

ユニクロは、これらの共通の言葉や行動を通して、売り場で働く現場を一体化することで、会社のカルチャー（企業文化）を、働く人全員に体感させています。働く人が、同じ言葉と同じ行動を共有し、それが売り上げにつながれば、賃金も上がり、やる気が出てきます。

もっとも、「賃金」というやる気だけでは、毎日、売り場で働く現場のモチベーションは高く維持できません。

そこで必要なのは、「自分はどうなっていくのか?」「自分はどうなりたいのか?」をイメージできる、次に挙げる「働く人3レベル成長プラン」が必要なのです。

働く人3レベルの成長プラン

1学びがい

働く人は、初めは時給がよいとか、給料がよいで会社に入ってくる場合もあります。これはこれで、悪くありません。

しかし、どんな人でも成長したいと願う気持ちはあるはずです。例えば、マクドナルドでは、初めは少しでも家計の足しになればと思い始めた主婦の方が店長になりたいと思い始めます。これは、誰もが成長したいと言う表れです。

学びがいとは、先ほどのユニクロの事例のように、会社で働くことで使う共通する言葉や行動が働く人に自身の価値と成長（売り上げが上がり、時給がアップ）を感じさせることです。

2やりがい

働く人の中には、確かにお金も欲しいけど、何か夢を見つけたいと願っている人もいます。もし会社に「夢」を実現できるヒントや「夢」に気づかせくれるヒントがあれば、会社で働く人の士気は高まります。

例えば、先ほどのマクドナルドの例で言えば、主婦として現場で働いていた方が、自身の「夢」が、「店長になること」と会社で働くことだと気づき、やる気になることなのです。

やりがいとは、会社で働くことで与えられる職場環境や意識が、働く人自身の可能性と素質を導き出すことです。

3生きがい

働く人の中には、お金と同時に自分自身が何の役に立つのかを見つけたいと願っている人もいます。もし会社に「使命」を見つけることができるヒントや、「使命」を感じさせてくれるヒントがあれば、働く人の意識は高まります。

例えば、サウスウェスト航空の例を挙げれば、荷物係（飛行機到着後スーツケースを下

働く人3レベル成長プラン

働く人レベル	働く人に必要なスキル	現場士気の仕組み
生きがい	ディザーブ Deserve　自尊心	自主型
やりがい	ディスクローズ Disclose　表現力	委託型
学びがい	ディベロップ Develop	規律型

ろしコンベアに載せる係）の人も、「この会社で働いていることがうれしい」と語っています。会社にいることが、自分自身の存在価値になれば、他社でできる同じ仕事でも、この会社でやってよかったと感じるのです。

生きがいとは、会社で働くことで気づく自主性や自尊心が、働く人に仕事の意味と価値を教えてくれることです。

●働く意味はお金だ！

サウスウェスト航空のハブ空港でもあるテキサス州サンアントニオで荷物係の男性（前述）に「なぜこの会社で働いているの？」と聞いてみたことがあります。すると彼は今まさに、機体からコンベアで流れてきた重そうなスーツケースを下ろしながら、親指と中指をこすり合わせお金を数えるジェスチャーで、「ｍｏｎｅｙ（お金）」と答えたのでした。

実はこのとき、私は2日間テキサス州ダラスにあるサウスウェスト航空の本社を訪れ取材を進めるに従い、こう感じていました。

「やはり素晴らしい会社は違うな。企業文化も理念もよいし、皆やる気になっている」

１００％感心していたら、現場でこの返答です。日本の会社なら、こうして取材陣が来ていたら場を読み（アメリカにはあまり感じられない）、本心は違っていても、お金などというようなな答えは決してしないはずです。

それでも、私は一人の現場社員のこの答えで、この会社には日本に導入できる何かが必ずある、と確信したのでした。はっきり言って、働く意味はお金です。誤解を招くといけませんので、こう言います。

最初は、お金です。

サウスウェスト航空の現場社員がこのように感じたことを素直に言えるのも、この会社が働く人を管理していないからです。

そして荷物係の彼は、最後にこうも語ってくれました。

「この会社はいいね〜。彼女とも（同僚のこと）一緒に働けるし」

つまり、「金だ！」と言える、会社の企業文化は、企業風土となり、それが働く人を一つにまとめるのです。

権限は無限大の力を生む

ある大手企業の営業部門の幹部セミナーで、こんな質問を頂いたことがあります。
「私は現在課長で、上司から今後次長職へ向けて頑張ってみろと言われました。だから最近はＭＢＡを勉強し、マネジメントを学んでいるのですが、部下にうまく動いてもらうためには何を集中的にすればよいのでしょうか？」

私はこの優秀な社員の方に、ジョークも含めて、「もうこれ以上勉強することはないです」と言ってしまったことを覚えています。

会社ではポジション（職位）が上がると、給与がアップします。と同時に権限も付加されます。

権限は、自身のやる気の元になるのでよい（ただし濫用はいけない）のですが、権威は自身が喜ぶだけで、振りかざすと周りは迷惑をこうむるのです。

ただポジションが上がり、権威を得たとしても、周りの人は、権限だけでは人の指示通りには動いてくれません。なぜなら、人は権威ではなく、権威と共に備わっているその人の人望で動くからです。

だからと言って「人望」は、すぐには手に入れることはできません。その理由は、その人の生き様で人望は培われるものだからです。

ユニクロもマクドナルドもサウスウエストも別に人望がある人を会社で育てようとはしていませんが、会社ごとで権限を仕組みにして導入し、権限を行使するときに多くの働く人が、人望の重要性に気づくようにしていることは間違いなさそうです。

サウスウェスト航空の搭乗カウンターで現場スタッフにこう問いかけてみました。

「どうしてこの会社で働いているの？」

するとすぐに「誰も監視してないから、そして何をやってもいいから」と答え、落ちていたごみを見つけ、すぐにカウンターを飛び出し、拾ったのでした。

●シンプルな言葉で運命共同体になる

小売業ではよく「現場にすべての答えがある」といいます。

この言葉は、小売業だけではなくどの業種業態でもどんなビジネスでも通用する普遍の定理です。不況になって売り上げが落ちるということは、現場を見ていなかったことにあります。

しかし、先に述べたように企業規模によっては、現場を経営者自らが見ると言っても限界があります。ある時点で経営者は、誰かに現場を任せなければいけなくなるのです。

不況でも強い会社は、価格的なお値打ち感（導入段階の話）もさることながら、現場で働く人が、「お客さんと交わる時に何が起こっているか?」をよく見ています。

とは言っても、現場に複雑なことは言いません。

実際に現場で実践してもらうことは、お客さんのニーズを解決できるようにすること（できるに越したことはないが、強制すると自主性が生まれなくなる）ではなく、単にお客さんの情報を入手することなのです。

では、現場が入手すべきお客さんの情報とは、何かと言うと、それは次に上げる3つの要素になります。

1なぜここで買うのか？
2ここで何が欲しいのか？
3継続的に何が欲しいのか？

事実マクドナルドは、新商品が出れば、必ずその商品のセールスフレーズをマニュアル化し、現場スタッフがお客さんの注文時に、「新発売の○○商品、いかがですか？」と語りかけ、注文率がどうか、データ化することで3つの要素を探り出そうとしています。

マクドナルドは大企業であるため、レジもPOS化されお店の新商品売行き状況は瞬時に情報となり、4000店弱あるお店の中で、このお店はよく売れているということが分かるので（もちろん売れない場合もあります）、そのお店をチェックすれば、新商品と何が関連して売れたかが、すぐに判明し、今後の新商品の売り方を考えることができます。

大企業マクドナルドは、このように4000店弱あるお店がデータ収集基地であるだけでなく、現場でお客さんと交わす、シンプルなセールスフレーズによって次の売り上げをどのように獲得していけばよいか、その方法を見つけようとしています。

現場が共有するシンプルな言葉は会社の規模により情報の分析方法は違うとしても、次の売り上げをつくり出し、働く人の賃金を上げ、同時に同じ会社で共に働く、一体感をつくり上げるのです。

顧客志向から社員志向へ

会社は、生き残るためにヒト・モノ・カネ、そして情報という経営資源を使いながら最大限の効果を出すように日々努力しています。そして最大限の効果とは、即ち売り上げをさします。

不況だと売り上げを獲得することが至難の業となり、どうしても短期的なカネで効果をすぐに出そうとします。

例えば、M&Aなどです。この手法は、いずれ困難な局面に遭遇することになります。なぜなら、モノをつくるためにカネを使うのならまだよいのですが、売り上げや利益を生み出すためにだけカネを操作しているのでは、お客さんの変化を見て、お客さんが欲しいものを探そうとすることから、かけ離れていっているからです。

では、ヒトという資源を最大限に使えば、売り上げが上がるのかというと、話は簡単ではありません。その理由は、社員というヒトが育つには時間がかかるからです。

このヒトの意味をお客さんに当てはめ、売り上げを稼ぎ出す考えが、顧客志向なのです。

会社にとって、お客さんが大切なのは間違いではありません。会社にとって重要なお客さんの変化に気づくのは、現場の社員なのです。

社員志向の目的とは、社員を重視して、現場士気を向上させることで、一刻一刻と変化するお客さんの変化に敏速に対応し、売り上げをアップさせることを意味します。

日本の参加者と共に何度も受けたサウスウェスト航空のサービスセミナーでは、「口コミ」に例えて、社員の重要性を次のように説明しています。

「口コミには2つあります。1つは外部の口コミ。そうです。これは、お客さんの口コミをさします。もう一つは、内部の口コミ。これは社内の口コミです。皆さんがお客さんだったら、どちらからの口コミを信じますか?」

社員同士が自社の商品やサービスを口コミする会社なら、外部のお客さんは、もちろんその会社の商品やサービスがきっと素晴らしいと確信し、それらを買いたくなるのです。

●チームワークからチームプレーへ

ファストフードは今までつくり置きが当たりまえの世界でした。しかし、マクドナルドは、つくり立てでなければ売れない今、でき立てバーガーを提供する「メイド・フォー・ユー」という調理法を導入し、オーダーをもらってから30秒〜50秒で、お客さんにハンバーガーを提供しようとしています。

この速さが可能となるには、マクドナルドの商品ができるまでのプロセスが業務ごとに大別され、働く人それぞれが店舗という現場で、見事なチームをつくり上げているからです。

マクドナルドの店舗人員配置を、スポーツに例えると店長は監督、スウィングマネジャー（シフトのリーダー）は、主将、クルー（シフトメンバー）は、選手です。1時間当たり売り上げ20万円を可能にするには、社員ではなく、実際シフトをリードする、チームの主将であるスウィングマネジャーの力量にかかっているのです。

以前、アメリカのお店でスウィングマネジャーと話した際、自身の心境と取り組みを、次のように聞かせて貰ったことがあります。

「僕は今、クルーから始まり、スウィングマネジャーまで到達しました。このポジションになると、クルーたちを引っ張っていかなければなりません。でもクルーのメンバーも学校があったりして、疲れているときもあるんです。するとサービスレベルもダウンします。そんなときは業務効率の重要性を話しても聞いてくれません。だから、仕事にプレー（遊び）の要素を入れて、サービスの話に置き換え、恋愛に例えた話で伝えるんです。するとクルーも、『さあやるか』という気持ちになってくれます」

マクドナルドは、強いリーダーシップを持つ経営者の下、勝ち残るためのカジ取りへと進んでいます。勝つことを常とするチームになるには、チームの業務（ワーク）が、ときには遊び（プレー）になる瞬間が不可欠なのです。

こだわりをパッションで伝える

今ユニクロは、世界に進出し、世界一のアパレル企業になるという「夢」を掲げ、生き残りから勝ち残りに挑戦しています。そのためにユニクロは、日本企業であるアイデンティティー＝日本のＤＮＡ（「品質」と「サービス」を指す）にこだわり、それを会社の強さにして世界で勝負する考えです。

経営者の世界一になるこだわりはパッション（情熱）となり、ユニクロに、夢を追いかけるカルチャーをつくり出しました。

実際数々のユニクロ店舗を訪れると、多くの店長が、「スーパーバイザーになりたい。また新規事業に挑戦したい」と、これからの夢をすぐに答えてくれます。

経営者のこだわりが、パッションになり、現場へと伝わると、ユニクロで話す共通の言葉（整理整頓）が体の一部となり、店長以下、働いている人全員が、その言葉で1つになるのです。

例えで言うと、イタリア人がイタリアのパスタが好きで、イタリアが好きで、イタリア語を喋る人がイタリアという国をまとめているようなものです。

ユニクロという会社に、こだわりと情熱が明確にあれば、それがカルチャーを生み出し、そこで働きたいと思う人が、ユニクロの製品が好きになり、ユニクロで話す言葉（整理整頓）が日常になり、ユニクロにいる（会社をやめない）ようになるのです。

カルチャーが社員の遺伝子

サウスウェスト航空の本社を訪れたとき、案内してくれた担当者が「なぜサウスウェスト航空で働く人は皆幸せで楽しそうなのですか？」という質問に「カルチャー（企業文化）」という言葉でシンプルに答えてくれたことを今でも覚えています。
サウスウェスト航空はユニクロやマクドナルド同様、カルチャーが働く人全員に浸透しています。それはあたかも皮膚のようで、普通なのです。

例えば「時間通り飛ばせ」と言う言葉も、働く人にとっては日常であり、それは常に実践することなのです。驚くべきことは、この日々の業務で当たり前なことを、毎日、常に情熱を持って実行しているのです。

現場が、常にやるべきことに情熱を持てると、その指示がシンプル（分かりやすいということ）で、売り上げに直結する（整理整頓や時間通り飛ばせなど）限り、業績は必ず目に見えてアップします。

そのためにやることは、まず経営者が何にこだわるかを確かなものにし、それに懸けるパッション（情熱）を現場で誰もが実践できるシンプルな言葉に置き換え、伝えることです。

これは、会社なら必ずある企業理念の実践を意味します。

サウスウェスト航空やユニクロ、マクドナルドが企業理念を現場に落とし込む際、他社と大きく違うのは、分かりやすい共通の言葉で、すぐに誰もが実践できる形にして売り上げにリンクするようにして伝えている点なのです。

企業理念がシンプルな言葉になれば、それはカルチャーとなり、そして風土へと変わり、会社の遺伝子として脈々と会社に受け継がれていくのです。

日本発家族タイプ自主型企業とは？

今まで数々の経営者とお話し、さまざまな規模の会社を見てきた結果、会社は次の３つに分類できます。次にその３つの会社組織タイプをご紹介します。

３つの会社組織タイプ

1友達タイプ

このタイプに属する会社は、ＩＴ系業種に多いようです。特徴は、友達関係のノリで起業し、ある目標（例えば上場）に向かって進むのですが、経営陣の友達関係が崩れてくると会社の中も乱れてきます。

2プロタイプ

このタイプに属する会社は、金融系業種に多いようです。特徴は、経営者の目標を共有した、高いスキルを持つ社員が集まり、ある種フラットな組織をつくり上げるのですが、その目標が達成しなかったり、社員が思っていた結果（ストックオプションやボーナスなど）が反映されなければ、離職者も増え、会社の統制がとれなくなります。

3家族タイプ

このタイプに属する会社は、1、2以外です。特徴は、経営者がお父さんの役割を担い、会社の責任を一手に引き受けようとします。経営者以外の社員（つまり子供）は、仕事を取ってきたり、会社にいつもいない経営者に苛立ち、時には退職者が出たり（不登校）、ときには社員同士のもめごとが起こったり（兄弟げんか）します。

また経営者の個性によって経営タイプも3つに分類されますので、次にご紹介いたします。

3つの経営タイプ

1カリスマタイプ

社員のハートをゲットし、先へ先へと突き進んでいく。実行力もあり、クリエイティブ

（創造的自主型）。

2フォロワータイプ。

社員の反応を見ながら、意見を吸収し、共に進んでいく。調整力もあり、リアクティブ（反応的自主型）。

3バックアップタイプ。

社員の気づきに任せ、意思を尊重し、後押ししていく。推進力もあり、サポーティブ（支持的自主型）。

この項で社員志向の会社として例に挙げたサウスウェスト、ユニクロ、マクドナルドを、ご紹介した3つの会社組織と3つの経営タイプを組み合わせて分類していくと、順に「家族タイプ支持的自主型企業」「家族タイプ創造的自主型企業」「家族タイプ反応的自主型企業」を目標としていると言えます。

どの会社の組織タイプも、どの経営タイプも経営者の個性が反映され、是非というものは存在しません。その理由は、どのような会社をつくり上げても、100％完璧（100

％には近づこうとするが）なものはでき上がらないからです。
会社とは、経営者自身です。
そして経営者が完璧でないから、働く人はそこに魅力を感じるのです。

3つの会社組織と3つの経営タイプで分類した有名企業

ホンダ	**家族タイプ創造的自主型** カリスマ経営者である本田宗一郎氏からホンダイズムというＤＮＡを受け継ぎ、それを企業風土としながらも、ホンダの本物へのこだわりを堅持し、無理な成長を追い求めずグローバルマーケットに進出している。
グーグル	**プロタイプ反応的自主型** 創業者2人の「安定」より「革新」を優先するというＤＮＡと「仕事と遊びは対立しない」という経営哲学を持つ同社は、社員同士がプロとして切磋琢磨しながらも、上下関係を問わずに自主的に意見を言えることを原則に、アイデアがあらゆる場面から飛び出してくる仕組みを確立し、オンリーワンのコンテンツを開発することで、世界市場に挑んでいる。
ウォルマート	**家族タイプ反応的自主型** 創業者サムウォルトンが常に語っていた「小さい単位で考えること、小さい単位で見ること、小さい単位で調べること」は、今同社のＤＮＡとして引き継がれ、各店舗が家族として1つになる朝礼ミーティングを通して、現場の一人ひとりが機能する仕組みを構築している。

第4章のまとめ
～社員志向の会社のつくり方～

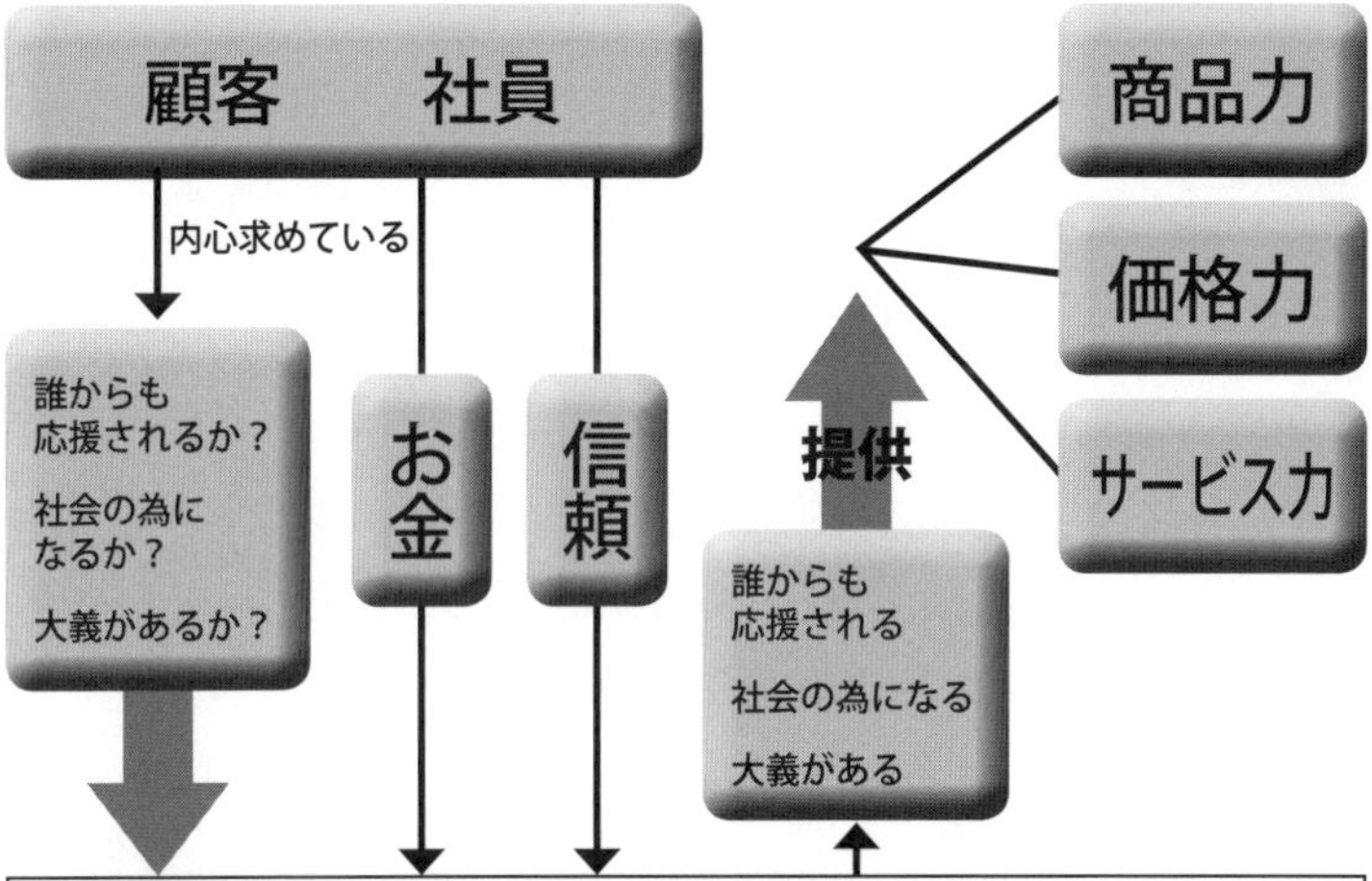

社員志向の会社の構造

社員志向の基準要素	会社の指針軸	経営者の内面軸	顧客・社員の期待軸
企業規模 適切な速度・ 適切な時期	ミッション 会社がすべき 事	等身大 自身の本質を 見る	存在価値
経営哲学 適切な判断	ビジョン 会社が向かう 方向	夢 自身の願いを 見る	大義
企業風土 共通の言葉 共有する情報 共有する行動範囲 …社会との約束	パッション 会社がある 意味	こだわり 自身の思いを 見る	オンリーワン

第5章

日本の小売企業に必要な3つの要素

この章のポイント

サービス

1 お客さんの情報からサービスをつくり上げる
2 本物で高品質のサービスを提供する
3 賃金制度でサービスアップを図り、売り上げを上げる
4 現場のやりがいを売り上げにリンクさせる
5 企業風土で現場のベクトルを同じにする

こだわり

1 本物へのこだわりで幸福感をつくりあげる
2 本物感でお客さんを呼び、満足を提供する
3 本物感が本物であれば、リピートが生まれる
4 本物へのこだわりで、働く人の共感を得る

イメージ

1 思いや考えをお客さんと共有すれば、安心をイメージしてもらえる
2 好きな人とのつながりが、商品の魅力をアップさせる
3 ストーリーを体験できる方法を提供する
4 商品とお客さんの接点から人のつながりをつくる

日本の小売企業に必要な仕組み

これまでの経営者は、経営とは、管理という名のもと、現場で働く人に機械的に働いてもらえれば、生産効率を上げ、生産性をアップできる（売れる）と思い込んでいました。

今、状況が少し変わってきたようです。

それは今まで信じていた欧米式の成果主義が、日本で機能不全に陥ったからです。

成果主義がうまくいかなかったとき、経営者は、その理由を「日本人には、成果主義が合わない」と考えました。成果主義自体は、現場で働く人がやった分評価される制度で、日本の会社でも当然採用するメリットは大きいというのは間違いありません。

問題は、欧米で生まれた成果主義を、欧米化した、いや、させた日本の会社に導入したことなのです。

日本の会社にもこれまでの企業風土があり、そこには是非ではなく、日本の文化が影響しているのに関わらず、無理やり資本の論理だけを重視した欧米化した会社に変えたのです。これを例えるなら、日本に住んでいた人が、次の日に起きてみると、国がアメリカになっていて、横にいるはずの家族が、全員金髪だったという感じです。

先頭に立って決断した経営者であれば、「これからうちの会社も欧米化して、成果主義を導入する」という不退転の決意を持ち、実践しているので、ある程度の覚悟はできていますが、現場で働く人は、寝耳に水状況で、たまったものではありません。

これからの経営者は、「欧米の成果主義は導入する価値がある。でも会社には、日本に企業風土が根ついている。だから会社は日本型で行く」というスタンスを持つ必要がありますす。そして日本の経営で言えば、「年功序列」「皆で痛みを分け合う」「終身雇用」など素晴らしい制度が数々あり、それらを採用する柔軟性も、経営者には不可欠なのです。

今後、経営者として不況を前に売り上げを伸ばすために重要なのは、経営者が、自身の考え（経営哲学）を、具体化して（企業文化→企業風土＝共通の言葉）、現場の士気を高め、企業規模に応じた向かうべきベクトルを仕組み（利益を生み出すこと）にすることなのです。

ホンダの創業者である本田宗一郎氏の言葉に「理念なき行動は凶器であり、行動なき理念は無価値である」というものがあります。ホンダで働く「やりがい」とは、企業理念である・人間尊重・3つの喜び（売る喜び、買う喜び、創る喜び）によって完成した商品が世の中で認められること（売れること＝給料として反映されること）です。

そして先の言葉は、決してホンダのような大企業だけでなく、中小企業にも当てはまります。

例えば、代々木のこだわりラーメン「らすた」に行列ができ、大阪のお好み焼きのお店「きじ」が常連さんでいっぱいなのは、これらのお店で働く人が、お金だけではない、企業理念のようなもの（こだわり・熱烈・地域密着）に「やりがい」を感じていることが多いからなのです。

本章では、経営者の経営哲学と企業文化や企業風土の関係を見ながら、現場士気がなぜ向上し、それが企業規模に応じた向かうべきベクトルを仕組み（利益を生み出すこと）にすることができたのかを小売企業3社で解説していきます。

●日本の小売企業に必要な3つの要素①サービス

私が実施した小売企業を対象にしたセミナーで一番多い質問は、「サービスの差別化をどのようにしているか、具体例をお聞かせください」というものです。実はこのサービスという言葉、イメージはできるのですが、具体的にこれがサービスですというシンプルな表現は非常に難しいのです。

お客さんは、よく「ここのお店サービスよかった」と言います。では、お客さんが言う、この「サービス」とは、一体どのようなものでしょうか。

私は、小売企業を対象に十数年間、サービスでの差別化を武器にするコンサルティングを行いながら、効果があまり出ないのは、そもそも売る側と買う側で「サービス」という言葉のとらえ方が異なり、それが現場でミスマッチを起こしていることが原因なのではないかと感じています。

例えばお客さんが求める、「サービス」とは、何かと言うと、

- 価格
- 品質
- 丁寧さ（包み方や接客）
- 情報
- サンプル（お試し品など）
- プラスアルファ（無料の買い物バッグ、景品など）

を指します。一方、お店が現場で取り組んでいる「サービス」とは、

- 接客（しぐさ、姿勢、言葉遣い、待たせないなど）
- 設備（コインロッカー、飲料水、休憩場所など）
- メニュー（ベビーカー貸し出し、パーソナルアテンダントなど）

です。

こうして見ると、お店側がよいサービスだと信じて提供していることが、実はお客さんの求めていることとジャストミートせず、それが報われていないようだと分かります。

お店にサービスは絶対不可欠です。そして**お客さんにジャストミートするサービスを探り当てるには、現場で働く人からの情報が絶対に必要なのです。**

●サービス①　本物感で口コミを起こすスーパー「ヤオコー」の戦略

こだわり商品がところどころに陳列されているスーパー。それが埼玉県を中心にお店を展開する「ヤオコー」です。

このスーパーヤオコーのサービスとは、どのようなものか、次に主なものをリストアップしてみました。

- おいしさ、選べる楽しさ、安さが一緒に実現
- 地元野菜
- ばら売り小パック
- 環境配慮商品
- 安心商品
- ヤオコー自慢の商品

- トレーサビレティー
- クッキングサポート（レシピ紹介などの雑誌、メニュー相談）
- 純水（安心なお水の提供）
- レジを待たせない

これらサービスを見る限りでは、ヤオコーが他のスーパーとそれほど違いがあるようには感じません。しかし、お店を訪れてみると、「ラーメンのスープがこんなにあるの……」とか「このお寿司、お店と同じぐらいおいしそう」という声がお客さんから聞こえてきます。

売り場は、確かにデパ地下のように中食（持ち帰りする食事のこと）で埋め尽くされ、果物、野菜、お肉、お魚などの生鮮品やお寿司、惣菜、ベーカリーのこだわりは目を見張るものがあります。

ヤオコーの価値は、こだわり商品にある「本物感」です。

つまり、サービスとは、サービスの種類の豊富さだけではなく、現場で提供されるサービスの質が最も重要だということなのです。

●サービス② 主婦が主役になる

スーパーや外食は、パート・アルバイトの方々が主に現場を動かしてくれています。つまり、これらの人々が現場をつくり上げているわけです。

ヤオコーは、サービスを強化するために、現場の質を左右する主婦のパートナーさん（ヤオコーでのパート従業員の呼称）を、主役に抜擢しました。

主婦がスーパーの現場で主役になり得る理由は、

- スーパーの買い物は主婦が主役
- お客さんが何を求めているかは、主婦のみが分かる
- 主婦同士の会話から、相手のニーズが即座にゲットできる

からです。

多くの会社は、法的な理由もいくつかあり、パート・アルバイトの方々と社員とでは、給与や福利厚生で大きな差があるのも事実です。そこでヤオコーは、パートナーさんを、次に挙げる3つの待遇に分類し、勤務時間によって社員並みの福利厚生を受けることができるようにしました。

- パートナー社員
- ヘルパー社員
- アルバイト

現場で働く人には、いろいろな人がいます。**最も重要なのは、「やりがい」を生み出すためのお金、つまり賃金制度**です。**同時に重要なのは、現場士気が高まることで、サービスの質が向上し、すぐに売り上げが上がる仕組み**なのです。

●サービス③　サービスが売り上げに変わる

現場で働く人の重要性を、経営者の方にお話しすると、「ヒトは育つまでに時間がかかり、育てばやめてしまうし、成長したとしても、すぐに売り上げに直結しない」と言う方もいます。

この指摘はごもっともです。

なぜなら今までヒトが成長することで売り上げがアップしたというデータなど、どの会社も取っていなかったからです。

例え取ったとしても、5年から10年のスパンで見る必要があるかもしれませんし、そのようなデータをとっても、どの部分が成長して、何が売り上げに貢献したか、を見つけ出すのは一苦労だと思います。

とは言っても、**ヒトの成長が売り上げをアップさせる**ことは事実です。

ヤオコーはパート・アルバイトが主であるスーパーの特性を活かし、現場の「やりがい」を、賃金制度を整備することで高め、パートナーさんの業務が、売り上げにすぐに直結する仕組みに取り組んでいます。

その1つは、クッキングサポートです。
これはパートナーさんが店独自の食材（例えば近隣で獲れたての魚）を使い、レシピをつくり、食材の仕入れまで関わり、それを商品化し、売り上げを見ていきます。

2つ目は、レジを待たせないサービスです。
これは、売り上げや利益に関わるコンペティションを指します。例えば、パートナーさんが各地区からチーム参加し、顧客数アップやレジの通過客数などで競争し、本部役員や店長の投票結果により、賞をチームや個人にも授与するというものです。

3つ目は、ヤオコー自慢の商品です。
これは、お店の標準化を推進する検定です。パートナーさんが、ヤオコーの売りである、惣菜、ベーカリー、寿司の味、品質の実地検定試験を受け、それに受かれば合格した数だけバッジがもらえるのです。

ご紹介した3つの取り組みは、すべて先に挙げたヤオコーのサービスとしてリストアップされたものです。

ヤオコーは、このように仕組みを取り組みにすることでパートナーさんのやりがいを、売り上げにはリンクさせているのです。

サービス④ なぜヤオコーで働くと現場が生きがいを感じるのか?

会社には、それぞれ「企業風土というものがあり、これは現場の士気に大きくリンクしています。ヤオコーにも企業風土があり、私から見ると、それは「自主性を重んじる」です。

こう聞いた読者である経営者の方は、「私も会社では、自主性を重んじると言っているし、会社では、ヤオコーのようにパートに権限委譲している。でもヤオコーのようにうまくいかない」と反論されるかもしれません。

ヤオコーと同じことをやってもうまくいかないとしたら、それは、「やり方（先述の権限委譲した人がすぐに売り上げにリンクする仕組みをつくること）が間違っているか」「経営者が自主性を重んじているといいながら実際は管理しているか」のいずれかです。

ヤオコーの企業理念は、「生活者の日常の消費生活をより豊かにすることによって、地域文化の向上発展に寄与する」であり、その経営哲学は「売れればよい、儲かればよいではない」というものです。

ヤオコーは、「売れればよい、儲かればよいではない」を現場の信条とし、この企業理念を、自主性を重んじる企業風土を軸に、現場が遂行し、（権限委譲により）１００店舗と言う企業規模を向かうべきベクトルへカジ取りすることで、利益を生み出す仕組みをつくり上げたのです。

日本の小売企業に必要な3つの要素② こだわり

こだわりの味、こだわりのデザイン、こだわりの食材など、「こだわり」という言葉が、巷にはあふれています。

今やどこにでも見かける「こだわり」ですが、今後お客さんを魅了するためには重要な要素なのです。なぜなら、こだわりは、ここしかないという価値と共にお客さんに「幸福感」を提供するからです。

これから不可欠なのは、本物へのこだわりです。**「こだわり」は、現場で働く人やお客さんに深い感動を生み、「幸福感」を感じさせます。**

私は、会社をコンサルティングする際必ず経営者の方に、「社長のこだわりは何ですか?」とお聞きします。

その理由は、経営者が決して妥協せず「こだわり」を続ければ、それは企業文化となり、企業風土が培われ、会社をオンリーワンへと導くからです。

こだわり①　本物感を見せて、お客さんを呼び込むブランド手法

「このココット（直火やオーブンに入れて使用する厚手の蓋つき両手鍋）のすね肉おいしい。しかもクスクスも添えてある、手が込んでるな」

こんな感想が聞こえてくるお店が東京にあります。

このお店は、東京広尾に「ひらまつ」というフランス料理のお店が経営するブランドの一つブラッスリー・ポールボキューズです。

このお店は、ブラッスリー（フランスで言う料理とワインの飲める居酒屋）らしくランチを1800円で提供しながらも、お客さんに、フレンチの本物が持つ「こだわり」を随所に見せています。この会社ひらまつ（会社名と屋号は同じ）のこだわりは、「人々の心を豊かにすること」です。

ひらまつは、本物に「こだわる」メニューを提供することで、お客さんに、幸福感を提供しています。

しかし、本物は、コストがかかります。

例えば本物のブイヤベース（魚介のスープ）は、スープを取るためにだけにロブスター1尾を使ったりします。

でもそれだけ手の込んだ料理でも、本物だけが醸し出すおいしさを察知できるお客さんは、ごくわずかです。

ひらまつは、ブラッスリーで手の届く価格帯で、誰でもおいしさを味わえる本物より、「本物感」を提供するため料理法によって、おいしさを引き出せる素材に着目し、それをメニューの中心に構成することでお客さんの満足を勝ち取ったのです。

●こだわり② 本物感で売り上げをアップさせる仕組み

ランチで手の込んだ料理を、素材を工夫することで提供し、お客さんを呼んでも、客数が増えなければ、売り上げはアップしません。

そのためにひらまつは、ブラッスリーの客席回転率アップを試み、事前に仕込み可能でまた調理ステップが少ない料理をランチメニューのバリエーションに盛り込むことで、調理時間を短縮し、短時間でお客さんに料理を提供したのでした。

するとランチの客席回転は2~3回転となり、現場の生産性はアップしたのでした。

またひらまつの「本物感」へのこだわりは、お客さんを呼び、単に客数を増やすだけではなく、客単価を上げることにも成功しました。

例えば、あるお客さんが1800円のランチを食べてフレンチのおいしさに目覚めれば、もう一つ上の料理を食べたくなるかもしれません。

そしてそれが、600円アップで食べることができるとしたら……。

事実、1800円のランチリピーターは、ワンランク上のランチメニューを頼む確率が高いようです。

なぜなら本物感が本物であれば、そこにはリピートする価値があるからです。

こだわり③　なぜひらまつがオンリーワンになれたのか？

以前外食のモニターで、一般の人に「あなたが思う本物とは何でしょう？」とお聞きしたことがあります。

するとある方は「おふくろのカレー」、またある方は「パリで食べたオニオンスープ」、さらにある方は「北海道羅臼こんぶの味噌汁」と答えてくれました。

このモニター結果を分析してみると、本物とは、外食に関して言えば、「誰がつくってくれた」「どこで食べたか」「何からつくられたか」がその基準なのです。

お客さんが、ひらまつが本物にこだわっていると感じるのは、フランスで有名なポールボキューズ（どこで食べたか）のブラッスリーで、そこにいるプロのシェフ（誰がつくってくれたか）が料理したものを食べたからなのです。

先ほどお話ししましたが、巷にあふれている「こだわり」のオンパレードの大半が「何からつくられたか」で、本物をうたっています。

何からつくられたかだけでは、誰でもすぐに真似できます（真似は悪くありませんが、そこから自店の経営にどう反映させ、オンリーワンを築いていくかが重要）。

「誰がつくってくれたか」「どこで食べたか」は真似されません。

ここまで聞くと、「そりゃ、ひらまつのようにミシュランで星をとり、名だたるレストランやオーナーシェフと提携したり、直営を任されりしているところだからブランドを築け、ここまでできたんですよ」と言われる読者の方もいるかもしれません。

では例えば、あるレストランがブラッスリーポールボキューズを研究して、レシピすべてを模倣し、調理プロセスも同じようにして、同じレベルのシェフが１８００円で、本物感メニューを提供したとしましょう。

ＰＲの仕方を工夫すれば、たぶん同じように繁盛します。

しかし多くのレストランが、ここまで真似できないのです。

なぜなら、真似では本物に憧れるひらまつレベルのシェフが集まらないからです。

つまり、ひらまつは、経営者自身がフランス料理に対する情熱をこだわりにして、本物に妥協しない姿勢を貫くことで、お客さんを獲得する前に、共感する料理人（働く人）を手に入れたのです。

どのような経営者でも、こだわりはあるはずです。

第2章のカリスマ経営者のタイプで解説しましたが、まず自身がカリスマであってもそうでなくても、社長型か職人型かどちらに当てはまるかを見つけ、情熱と共に、自分なりの本物を追い続ければ、それに共感する人が集まり、企業文化をつくり、企業風土ができます。

そうすれば、その会社は、誰にも真似できないオンリーワンの商品を提供できるようになり、それが「ブランド」となるのです。

●日本の小売企業に必要な3つの要素③　イメージ

ウォルマートの売り場では、低脂肪ミルクの横には、サプリメントが関連陳列され、その横にはカラーでインパクトのあるバナナが置かれています。

なぜなら、ウォルマートには、お客さんは次のように行動してくれるかもしれないという、仮説があるからです。

「健康志向のお客さんは、低脂肪ミルクを好む。そしてサプリメントも興味を示してくれるだろう。また朝食にはミルクを飲み、きっと忙しいはずだから、調理せずに栄養補給できるバナナがあれば便利だろう」

ウォルマートは、このように仮説を立て、売り場でデータを集め、次に打つ手（売り上げを上げる）を考えていきます。

お客さんがある買い物をする（低脂肪ミルクを好む、または買うこと）とき、自身が気づかない行動パターン（健康志向だからサプリメントに興味）を現場でイメージ化（低脂肪ミルクの横に、バナナとサプリメント）できるようにしなければ、売り上げデータをもとにいくら仮説を立てても、お客さんが、次に買いたくなるスイッチを押す方法は見つかりません。

モノが豊富な日本では、たとえ感じのよいお店でよい商品を提供しても、売れにくく、それでも買ってもらうには、ウォルマートのように、お客さんの買いたくなる気持ちを後押しする、自身が気づかない行動パターンを現場でイメージ化（浮かび上がらせる）しなければ、お客さんは買いたくなるスイッチを押してくれないのです。

イメージ① 顧客と会社が一体になるハーレーダビッドソン

「どこに行くんですか？」
「これから　八ヶ岳へ」
「気をつけて！」

ハーレーダビッドソンのユーザーは、ハーレーに乗っていたら例え見知らぬ人同士でもこんな会話をします。なぜならハーレーのバイクオーナーは、ハーレーに乗っている人は、他人ではなく、仲間だと思っているからです。

ハーレーを所有するということは、ある同じ思いや考えを共有することを意味します。そこには「安心」があります。

お客さんに、安心をイメージしてもらうには3つのキーワードがあります。

1多くの人が知っている
2商品にストーリーがある
3人とのつながりがある

これら3つを兼ね備えたハーレーダビッドソンを持つオーナーは、ほかのバイクには、乗り換えません。

その理由は、ハーレーとバイクは違うという確信を持っているからです。

イメージ② 現場で感じてもらう

ある人が中・大型バイクを買おうとするなら、ハーレー以外にヤマハ・スズキ・ホンダ・カワサキなどのメーカーカタログを見たり、ときには試乗したりするかもしれません。でもいざハーレーに試乗したら、豪快な排気音と独特なフォルムはもちろん、それ以外にも多くの人は何か違うものを感じるのです。

ハーレーの試乗会に行くと、「一度試乗してみてください」という言葉に促されて、初めてハーレーに乗る人がワクワクしながら乗っている光景を見ます。試乗に来た人は、試乗会でここにはバイク好きというより、ハーレーが好きな人が集まっていると実感するのです。

つまりハーレーの魅力とは、商品力よりもこの商品を好きな人たちのキャラクターにあります。

だからハーレーはキャラクターをイメージできる、バイク以外のロゴ入りジャケット、パンツ、アクセサリー、ブーツ、サングラス、雑貨という商品を数多く揃え、オーナー以外の人々に提供しているのです。

最低でも100万円弱するハーレーのオーナーになることは誰でも可能かと言うとそうではありません。

それでも、お客さんがバイク以外の商品を見たり試したり（試着）できれば、ハーレーのイメージが多くの人々に浸透します。

ハーレーの試乗とは、実は初めて来たお客さんが、ハーレー独特の世界を体験し、それを実感するところなのです。

イメージ③　オーナーになりたくなるその原理

米国セミナーで東海岸のハーレーディーラーを訪れたとき、店長は「ハーレーのオーナーになることは、風を感じ、自由になることです」と語ってくれました。

安くはないバイクでありながら、日本のハーレーオーナーは、新規顧客率で80％を記録しています。こんなに高い確率でオーナーになる人が増える理由は、

ハーレーのオーナーになると、ハーレー独自の次に挙げる楽しみで「風を感じ、自由になる」ことができるからです。

ハーレーダビッドソン10の楽しみ（HPより）

乗る楽しみ
出会う楽しみ
創る楽しみ

装う楽しみ
知る楽しみ
選ぶ楽しみ
愛でる楽しみ
競う楽しみ
交流する楽しみ
維持する楽しみ

お客さんは、何かに興味を持ったら、商品がどれほどよいのか、そしてそれがいくらするのか、をまず確認します。しかし世の中には、よいと思われるレベルの商品は、まあまあ存在します。すると多くの会社が、その商品に対抗するため商品を改善する前に、安易に価格で勝負してしまうのです。

でも、商品のよさをイメージさせるポイントが同業他社と違い（独特の排気音とデザイン）、それを実感できるストーリー（風を感じ、自由になる）があり、実際にそのストーリーを疑似体験できる方法（10の楽しみ）が具体的であれば、お客さんは、安心して買いたくなるスイッチを押してくれます。

イメージ④ なぜハーレーダビッドソンが社会に必要なのか？

先述の「ハーレー10の楽しみ」の一つに出会う楽しみというものがあります。事実ハーレーのイベントでは、オーナーの家族全員が参加する場合も多く、ハーレーが好きでその現場で働く人と、今まで会ったことのないお客同士が老若男女に関わらず、同じようにハーレーと関わっているというだけで出会い、意気投合しています。

ハーレーダビッドソンの企業理念には、「モーターサイクリストたちをはじめとする多くの人々に対して」という一節があります。

ハーレーダビッドソンというバイクがあることで、バイクを持っていない人や運転しない人もハーレーが提供するバイク以外の商品によって、そのイベントで今まで会ったことがなかった面々（ハーレーオーナーの家族）と出会えるのです。

ハーレーダビッドソンは、商品やサービスを通して、

- 多くの人が知っている
- 商品にストーリーがある
- 人とのつながりがある

という3つの要素を、お客さんの現場（接点）で取り組むことで、お客さんに「この商品なら買ってもいい」と納得してもらえる安心をつくり上げました。

ハーレーダビッドソンの本質的価値とは、バイクを買わず、バイクを持たないお客さんもハーレーを介して、知らない人と出会いつながり、生きることの幸せを感じることにあるのです。

付録

ある会社から「これからハーレーのような会社にしたいのだけれど、できるでしょうか？」とコンサルティングを依頼されたことがあります。

私はそのときすぐに「できます」と答え、「ただし経営トップがハーレーのような会社にするまでやめないとコミットし、サービス・こだわり・イメージを明確にして、まず次に挙げる3つを実践してみてください」と言ったことを覚えています。

そのとき挙げた3つの実践ルールとは、以下のようなものです。

1商品やサービスを介して、出会いの場をつくる。

2誰もが購入できる商品やサービスをつくる。

3商品やサービスを通じて、購入しない人も集う場を設ける。


実際にアドバイスした3つの具体例をご紹介しておきます。

1今提供している商品やサービスで会員制をつくり、それぞれが出会う場を設ける。

2今提供している商品やサービスから、可能な範囲で日常的な商品やサービスをつくり、大衆化する。

3イベントを開催し、今提供している商品やサービスで知らない人同士が集い、出会いとつながりの場を演出する。

●社員志向の会社の指標

これまでお話ししてきた社員志向の会社とは、「社員（働く人）が働きがいを感じ、それが売り上げに直結し、利益を生み出している」と定義できます。

そして社員志向の会社とは、次にようなものです。

1離職率が低い
2分かりやすい賃金制度がある
3公平な評価制度がある
←
その結果売り上げが上がり、効率が上がり、生産性がアップしている

この指標を可能にするためには、次に挙げる経営者の2つの役割と現場が実践するシンプルなルールがあります。

経営者の「役割」

1会社の企業規模と自身の経営哲学により、企業風土に沿った共通の言葉（神通力）を見つけ出し、それを軸に売り上げを上げ、利益を生み出す仕組み（ビジネスモデル）をつくる

2現場から情報を受け取り、マーケティング（顧客の変化に対応し、売り上げを拡大）する

現場が実践するシンプルな「ルール」

現場で働く人には、できるだけ売り上げアップや前年比○%達成という目標を掲げず、「共通の言葉」のみを実践してもらう（売り上げの責任は幹部マネジャークラスが負う）

社員志向の会社の存在価値

常に敵（競合企業）を見つけ出さなければ、動機づけができない会社には、いずれ無理が出てきます。その理由は、お客さんは、勝負に勝った企業からではなく、オンリーワンの会社から商品を買いたいと望んでいるからです。

社員志向の会社の構造

社員志向の基準要素	会社の指針軸	経営者の内面軸	顧客・社員の期待軸
企業規模 適切な速度 適切な時期	ミッション 会社がすべきこと	等身大 自身の本質を見る	存在価値
経営哲学 適切な判断	ビジョン 会社が向かう方向	夢 自身の願いを見る	大義
企業風土 共通の言葉 共有する情報 共有する行動範囲 …社会との約束	パッション 会社がある意味	こだわり 自身の思いを見る	オンリーワン

社員志向の会社は、社員が自主的にお客さんの方向を向くことで売り上げを獲得していきます。そして、会社がどことも戦わない「よい会社（オンリーワン）」になれば、そこで働く人々もその人自身がオンリーワンの存在であることに気づくのです。

私は、このような会社（戦わないオンリーワンの会社）が日本から一つでも多く、世に出てくれれば、世界はビジネスによって分かち合うことができると信じています。なぜなら、日本の会社が世界を平和にできると確信しているからです。

第5章のまとめ
〜日本の小売企業に必要な3つの要素〜

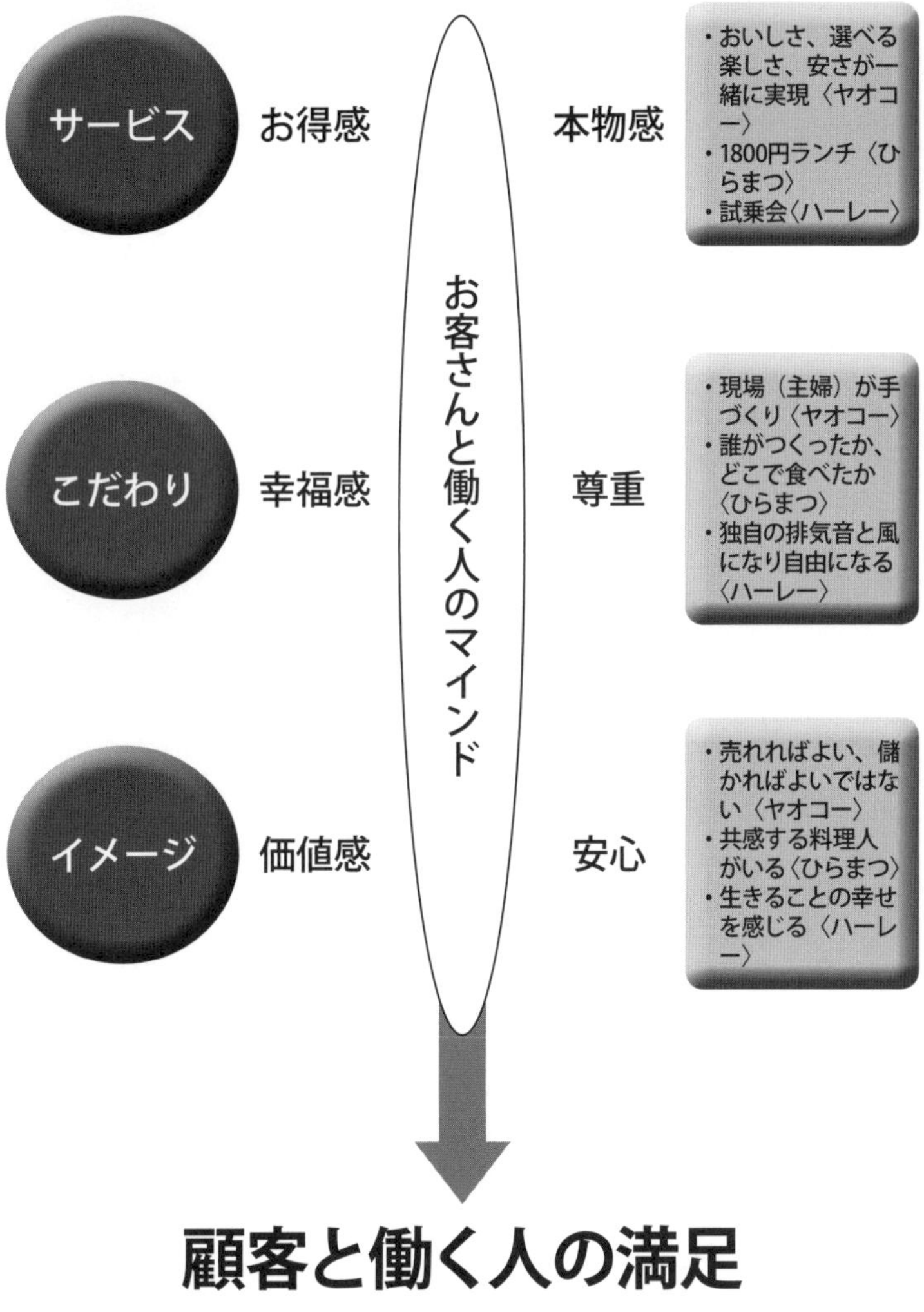

第6章

社員志向の会社をつくり上げる6つのステップ

この章のポイント

- 企業風土が価値観をつくる
- ミッションでカジ取るをする
- 社員の立場をおもんばかる
- 同じことを繰り返せば、それがブランドと成る
- 商品やサービスが多くの人の目に触れれば、ブライドが生まれる
- 評価と賃金制度でベクトルを同じにする

仕事に働きがいを感じるために必要なもの

以前、あるレストランで、働く人にこう聞いたことがあります。

「毎日接客というお仕事は大変ですよね。ときには、先輩から厳しい指摘をされたりもするでしょうし、お客さんにとっては一度しかない食事でも、現場にとっては朝早くから夜遅くまで日々の繰り返しなので、気分が乗らず、つらいときもあるでしょう？　そんなときは、どのようにしてモチベーションを高めるのですか？」

するとと彼女は、こう語ってくれました。

「お客さんに言われた『ありがとう』という言葉を忘れず、それを思い出すことで、働きがいを感じます。すると疲れていても、またやる気がでてきて、つらい日でも『よし』って気になるんです」

人はどのような仕事に携わったとしても、

1誰か（お客さん、上司、同僚、家族、大切な人）に認められ、
2何か（お金、地位、援助、感謝、共感）で報われ、
3何か（笑顔、成果、努力、安心、安全）に報いることができれば、

今の仕事に働きがいを感じることは可能です。

本章では、先に解説した社員志向の会社をつくりあげるステップとして、事例に千葉県で五穀米の商標をお持ちの「石川商店」を取り上げ、これまでご紹介した会社の取り組みを解説していきます。今回事例として取り挙げた石川商店の社長とは、こだわりという共通のキーワードのおかげで、ある人から紹介され、会社のカジ取りという重要な相談も受け、お付き合いが始まりました。

石川商店の「こだわり」とは、健康です。このキーワードは、先代が亡くなられたとき、今の社長が、「なぜ人は病を患うのか、それは食、つまり食べるものが原因ではないのか」と感じたことに端を発し、世の中の方々が体によいお米を食べれば病を患う確率も減るのではとの願いから、健康へのこだわりをテーマにしたお店づくりへと始まったのでした。

ただ経営者が、いくらこだわりを持っても、社員はついてきてくれません。

石川社長に社員がついてくるその理由は、社長としての姿より、人間としての「情熱」

～石川商店の提供商品～

実用新案
五穀米（穀物パック）
登録商標
五穀米／夢穂野香／「穀・物・物・語」／がんばれごはん!!／七徳米／五福米／福っくら御膳／麦の膳／麦熟らし
知的所有権
五穀米／胚力（ハイパワー）
シンガポール商標
福っくら御膳

石川商店HP
http://www.gokokumai.co.jp/index.php

があふれ出ていることにあるようです。ときには、社長が持つ思いが熱すぎて、社員も近寄れなくなることも少なくありません。
それでも社長が情熱で突っ走るこの様子は、社員に、「社長も一人の人間なんだ」と思わせ、安心感を生み出しているのです。

では、早速、石川商店の社長が、先述した

- 誰かに認められる
- 何かで報われる
- 何かに報いる

という切り口をどのように具体化し、現場に落とし込んでいるかを次に6つのステップでまとめましたので、見ていきます。

●ステップ1 企業風土は、「新しいアイデアを」

働く人の多くは、会社の戦力になりたいとは思わないようです。その理由は、会社の戦力になっても、

- 給料に反映される保証はない
- 残業が多くなるだけだ
- 上司が昇進するだけだ

と思っているからです。

しかし会社には、「私なんか何の戦力にもならない」と、役に立たない自分を罰している人が多いのも事実です。

社員志向の会社は、そんな人に焦点を当て、戦力化することで、「誰もが会社の中では売り上げに貢献している」ことを認識してもらいます。

石川商店の製造ラインには、古くから働いている人と、そうでない人が混在しながらも、「新しいアイデアを」という企業風土の中、現場一人ひとりが、製造に関わっていてもいなくても、会議で新商品へのアイデアを持ち寄ることで皆が会社の戦力だと実感する仕組みをつくっているのです。

社長はいつもこう言っています。

「どこにもない商品をつくり、こだわりを貫き通せば、その素晴らしさをきっとお客さんは分かってくれる。そして、それは日本の農業の活性化につながる」

この言葉が社員の「新しいアイデアを」の後押しをするのです。

社員志向の会社
その**1**

会社に新しいアイデアを持ち寄ることで、上司（社長、専務）に認められ、同じ価値観を持つことで同じ価値観を共有する同僚に認められ、価値を共有するお店は、お客さんの笑顔で報われる

ステップ2 ミッションが人を束ねる

会社は大きくなれば、社員1人1人の顔も見えなくなり、それぞれの社員が何を考えているか、理解することが困難になります。反対に会社が小さくて、社長と社員との距離が近いと、社長が何を思っているか、すぐに分かり、今度は現場社員が経営者の顔色をうかがうようになります。

石川商店は少人数のお店のため、社長に直接現場から意見が上がってきます。

こんなとき、社長は、常に石川商店のミッションを思い出し、現場からの意見に答えるそうです。

例えば、「社長、最近景気がよくないので中国産のおいしいお米を探し出し、それでお得な商品をつくりましょうよ」という意見には、「儲けるのは悪いことではないけど、石川商店は千葉の田舎にあるお店ながらも、日本の農業全体を見渡し、農家の活性化を目標にしているから、それはやめておこう」と言います。

社長の言う会社のミッションにブレがなく、それを基準にして、社員の意見を判断すれば、社員はこの会社で働くことに「使命感」を感じ、会社で働く意義を確かなものにします。

社員志向の会社
その**2**

ミッションで判断する上司（社長・専務）のもとで働くことは、家族に会社で働くことの安心感で報いる

ステップ3　個人を認める

働く人の能力は多種多様です。

石川商店では、製造ラインでも生産性の高い人や低い人がいて、それはさまざまです。ただ現場のキャリアが長いからと言って、新しい人の能力を引き出せるかというとそうとは限りません。

石川商店のトップは、こんなとき現場社員が、お金以外に何を求めているか聞いてみます。もし何も言わなかったとしても、社長はそこに「私を認めてほしい」と願う、何かがあるのではと感じているからです。

石川商店のミーティングは、今日あった出来事を皆でシェアしていきます。

そのとき社長が気をつけることは、2つ。

1つ目は、社員はなぜ社長に認められたいと思っているのか?

2つ目は、社長は、社員には本音を話そう。

評価される側(社員)の価値観を気遣いながらも、社長の立場を超えた情熱を込めた本音は、現場社員のハートを射抜き、「この人についていこう」という気持ちを呼び起こすのです。

社員志向の会社 その**3**

上司(社長・専務)にリスペクト(認められ)されることで現場士気がアップし、生産性が上がる

●ステップ4 同じことを繰り返す

会社が成長するには、時代の流れ（トレンドメッセージ）で売れているモノと、こだわりを深堀りして売れる普遍なモノ（コアメッセージ）という相反する2つの基本要素を組み合わせ、お客さんが買いたくなるような商品イメージをつくり、企業のブランド価値をアップさせることが不可欠です。

石川商店は、時代の売れ筋を加味した商品を30％（福っくら御膳・白米に加えて炊くバージョン）と、時代に左右されないこだわり商品（五穀米・炊飯用パック）を70％の割合にして、商品イメージをつくり上げ、トレンドメッセージ（時代の流れ）よりコアメッセージ（普遍なもの）を重視することで、お客さんと社員に会社が大切にする普遍なもの（コアメッセージ）の重要性を伝えています。

なぜなら、お客さんと社員双方が会社のコアメッセージの重要性を理解し、それに納得すれば、お客さんは、購入した商品やサービスに安心感を持つと同時に、社員を取り巻く人々（家族や大切な人）も揺るぎないコアメッセージを維持する会社で働いていることに安心し、これからも会社と共に歩む生活が、安全なことを確信できるからです。

だから石川商店の社長は、コアメッセージ（普遍なもの）のシンボルとなるブランド（五穀米）の重要性を決算報告でも口がすっぱくなるぐらい社員にも語りかけるのです。

社員志向の会社 その4

社員が会社のこだわりを共有することで、上司（社長・専務）に認められ、家族が「こだわり」を持つ会社に安心し、その会社で働くことが生活の安全を築くことを理解する

●ステップ5 プライドを育む

会社が提供する商品やサービスには、必ず価値があります。

そしてそれらが日々変化するニーズをとらえていれば、お客さんは継続的にその商品やサービスを購入してくれます。

社員志向の会社は、こだわりからオリジナリティーをアピールすることで、提供する商品やサービスの知名度をアップし、たくさんの人を魅了し、多くの人に認められるように努力をしています。

石川商店は、本物商品だけにこだわるのではなく100%国内産原料を使いながらも、便利な商品も開発することで日常的に安心できる「本物感」商品を世の送り出し、消費者の声と生産者の橋渡しをすることで多くの人々（お客さん・家族・大切な人）にブームではない食べ物を提供しています。

社員志向の会社 その**5**

商品やサービスの進化がお客さんに認められ、お金で報われる。会社が提供する商品やサービスにオリジナリティーやこだわりがあり、提供する商品やサービスが日常で目に触れることで大切な人や家族に会社の存在が認められ、働く人が共感や感謝で報われる

●ステップ6　評価で向かうべきベクトルを共有する

働く人は評価されます。なぜなら働く人に支払われる賃金は、会社の実績に反映するものだからです。

ただ人を評価する制度は、会社によって多種多様です。

その理由は、評価制度は、企業風土に大きく関わっているからです。

社員志向の会社は、評価制度を充実させることが目的ではなく、充実させる過程で社内から意見が出てくることに意義があると考えています。

石川商店は、共通する評価制度をつくる過程でそれぞれの部署が持つ「働き」を認めてもらいたいというニーズを社内で分かち合い、意見を出し合い、全員で「たすきをつなぐこと」の重要性を考え直し、会社と社員が向かうべきベクトルを同じにしようとしているのです。

社員志向の会社 その6

会社では、なぜ上司に認められ、地位で報われ、成果で報いる必要があるのかを、働く人一人ひとりが考え、その結果、社員同士でたすきをつなぐことの重要性を再認識し、会社が向かうべきベクトルを全員が同じにする

第7章

こうすれば、仕事が楽しくなる

この章のポイント

仕事が楽しくなるポイント1　仕事に食べるため以外の意味を見つける

仕事が楽しくなるポイント2　仕事そのものに意義を見つける

仕事が楽しくなるポイント3　仕事を通して周りと協調する

仕事が楽しくなるポイント4　仕事に自由を見つける

仕事が楽しくなるポイント5　仕事で競争しない

仕事が楽しくなるポイント6　仕事で関わる人を受け止める

●こうすれば、仕事が楽しくなり売り上げも上がる

ある会社で、現場士気向上のコンサルティングに携わったとき、社長が朝礼で語った社是や企業理念を「現場社員がどうとらえたか?」モニターしてみたことがあります。すると、ある社員がこう話してくれたことを今でも覚えています

「すごく情熱的でした。でも話の内容が、日々の仕事とはかけ離れていて……。ただ、もし社長が、社員側（給料をもらう側）の味方のような存在であるなら、先ほどの話を聞いた時に、自分も会社のことを真剣に考えるようになり、本音の意見を社長に話したくなったかもしれません」

経営者が、社員に心を開き、本書で解説した社員志向の会社をつくるプロセスに沿って会社の向かうべきベクトルを情熱（こだわり）を持って語りかけても、それが現場に通じないのなら、その理由は、先ほどの社員の言葉どおり、「社員が経営者を味方だと思って

いない」からに違いありません。

経営者と社員の間には、給料を支払う側ともらう側という立場の違いが歴然と存在し、そこには、お互いに本音を言えなくなってしまう、見えない乗り越えられない壁があります。

本章では、経営者や幹部・マネジメントの方々に現場が仕事をどうとらえ、「日々の仕事にどんな働きがいを求めているのか?」をあえて解説し、理解していただくことで、社員が「仕事を楽しく感じる仕組みを会社につくれば、そこに社員の自主性が生まれ、自然と経営者と社員の間にある壁がなくなり、売り上げがアップするというメカニズムを解説していきます。

●働きがいに存在する3つの思いこみ

働く人の多くは、お金を稼ぐことで生活しています。

だから働かなければ食べていけなくなるので、そこには義務感が生じ、つらくても頑張ることが当たり前のようになります。

つらくても仕事を頑張ることが義務になると、一時は業績がアップしても、必ず後で反動が来て、遅かれ早かれいずれは必ずその仕事がいやになっていくのです。

では、仕事がつらくても頑張ってしまうのは、なぜなのでしょう。

それは、現場社員が、仕事に本来備わっている働きがいに間違った思い込みを持っているからです。例え働く人が「今の仕事を自分で決めていない？？」としても、決定しない決定をしたことに、何か意味があり、そこには、必ず働きがいが存在しているのです。

1働きがいへの思い込み……食べるため

ときどき「お仕事は？」「〇〇です」「すごいですね。それで食べていけるなんて……」

という会話を聞いたりします。

仕事は食べていくためという考え方は、悪いものではありません。

実は私も両親から、「（お金とは）頭を下げてもらうもの」「（お金とは）汗水を流してもらうもの」と教えられてきました。

でも、働くことが、先ほどのようにつらいものであれば、

仕事はつらい
←
つらくなければお金をもらえない

という思考プロセスができあがり、もっとお金（給料）をもらうためには、もっとつらくなければいけないことになってしまいます。

働く人が、仕事を、食べていくためと解釈すると、そこにはつらさだけしか存在せず、会社の売り上げはダウンしてしまいます。

なぜなら今のお客さんは、仕事につらさだけを感じている人から商品やサービスを購入したいとは思っていないからです。

2働きがいへの思い込み……自立するため

社会に出て仕事をすると、お金を手に入れ、努力すれば自身のスキルもアップすることも可能なので、自分のことをまかなえるようになります。

しかし、人は自立を目的だけにして、頑張ってしまうと、仕事を単にそのための道具ととらえるようになります。

お客さんは仕事を自立するための道具ととらえている人より仕事そのものに意義を感じている人から商品やサービスを購入したいと願っています。

仕　事を自立するための手段ととらえてしまうと、会社での売り上げアップは難しくなるのです。

3働きがいへの思い込み……自己実現するため

「これで成りたい自分になるぞ！　そしていつかは○○だ！」と、自身の才能に目覚め、仕事をやる気になる人がいます。

しかし、自己実現を目的としたことで、自己本位の働き方になる可能性があり、周りとの調和を乱してしまうこともあります。

自己実現するという目標のためだけに一人で頑張っても、売り上げは伸びません。なぜなら、お客さんは、働く人が全員で互いにサポートし合う、仕事への姿勢に共感したとき、商品やサービスを買いたいと思っているからです。

●働きがいに楽しさを見出す3つのポイント

働く人はどのポジションで働いていても、経営者以外なら誰かに見張られている（評価されている）と感じることが多いかもしれません。

どんな仕事でも誰かが見張っているとしたら、人のやる気は失せてきます。

今売り上げが上がっている会社は、働く人全員がベクトルを同じにすることで、いつでもお客さんに一番早くコンタクトできる現場の誰かが、日々変化するお客さんの要望にすぐ対応できる仕組みをつくり上げています。

もし働く人が日々の仕事の中に、楽しいと思える瞬間を見出すことができれば、例え違ったポジションで働いていても、それぞれが、学びがい、やりがい、生きがいを感じることが可能となり、今の働きがいに自主性が生まれ、楽しさが生まれてくるのです。

本項では、働きがいから楽しさを見出すと題して、日々の仕事の場面で、「楽しさ」に巡り合う、すぐに実践できる３つのポイントを解説していきます。

働きがいに楽しさを見出すポイント1　束縛されることを手放す

もし突然社員の上司が「日々の仕事を自由にしてもよい」と言ったとしたら、どうしますか。

現場社員は「上司は、自由にしてもよい。と言ってくれたけれど、結果が出なければ何かを言われるかもしれないだろうな……」と直感的に思ったりはしないでしょうか。束縛される仕事とは、このように誰かに見張られている（評価されている）と、思い込んでいるところから始まります。

確かに上司は、自由にしてよいと言いながらも結果が出ないと、何らかのフィードバックをするでしょう。でもこのまま束縛される仕事を選び続け、そこに働きがいを感じているとしたら、社員が必ず遭遇することができる今の仕事の「楽しさ」の瞬間に出会うことができなくなります。

仕事を自由にするか・しないかは、社員自身の「働き方」で決まります。

どんな状況でも（例え上司が自由にしていいと言わなくても）、もし社員が仕事を自由にすると選べば、そこに「楽しさ」が生まれ、効率や生産性が上がり、サービスも向上し、売り上げがアップすることは確実なのです。

なぜならお客さんは、社員が見張られていない会社から商品やサービスを買いたいに決まっているからです。

働きがいに楽しさを見出すポイント2 競争することを手放す

社員は、「毎年の予算が昨年比120％と試算され、その予算が当然のように年々積み上がる」ことや、社内に「日々予算を追いかけ、同僚と競争している人もいれば、そうではなく楽をして定時で帰る人もいる」会社に理不尽さを感じたり、違う部署に「自分より給料も高いくせに競争もせず働いている人もいる」という不満を持ったりしているかもしれません。

会社に不満や理不尽さを感じることは、別に悪いことではありません。

問題なのは、会社では誰も競争しろとは言っていないのに、自らが誰かと比べ、競争することで働きがいを感じ、それが理由で、会社に不満や理不尽さを感じていることなのです。

社員同士が競争している会社は、売り上げが上がりません。

なぜなら社員が、社内の競争相手と競争していては、日々のお客さんの変化に気づくことに力を注ぐ暇などなくなるからです。

お客さんから見れば、会社で働く人はすべて同じです。

お客さんは、社員が、会社の誰かと競争ばかりしているところより、会社で働く人が、自分たちに興味を抱いてくれるところから商品やサービスを購入したいと思っているのです。

働きがいに楽しさを見出すポイント3

周りを変えることを手放す

職場では、仕事の要領がいい人や、上司におべっかを使う人、仕事の愚痴ばかり言う人などいろいろな人に出会います。

また社内では、このような人からさまざまな違ったアドバイスをもらったりします。

それが上司なら自身の経験をもとにした出世ノウハウのアドバイスであったり、また同僚なら今後の身の振り方を心配してくれる、人生の安定や安心、妥協を優先したアドバイスかもしれません。

でももし社員それぞれが、周りの主観的な意見に左右されず、自身の仕事感を尊重して、周りと協調関係を築けば、いろいろなアドバイスを投げかけてくれる上司や同僚が、その社員自身の仕事に対するその姿勢に感銘し、応援してくれるようになるかもしれません。

今お客さんは、皆が互いに応援し合う会社から、商品やサービスを買いたいと思っています。

だからこのような会社は、必ず売り上げが伸びていくのです。

●今の仕事が楽しくなる働き方

次に挙げる3つを今の仕事の目標とすれば、必ずそれらは今の仕事に備わっている本来の楽しさを、現場社員に教えてくれるようになります。

それら3つとは、**「お金」「スキル」「才能」**です。

働く人皆が、働きがいに楽しさを見出すポイント3つを実践し、これら3つを目標にするステップをたどれば、これまで働きがいだと思い込んでいた先述の3つの思い込み（食べるため、自立するため、自己実現するため）が書き換えられ、今の仕事に本来備わっている、学びがい、やりがい、生きがいが持つ、その意味を教えてくれるでしょう。

これまで本書で取り挙げてきたそれぞれの企業は、社員志向のビジネスモデルを確立することで利益を生み続けることを可能にしてきました。しかし、もし現場社員が、それぞ

今の仕事が成長につながるメカニズム

働きがいに持つ思い込み	楽しさに近づく仕事目標	今の仕事の思い込みから楽しさを見出	今の仕事の本来の意味
食べるため	お金	束縛を手放す→楽しいと思える瞬間を見出す	学びがい
自立するため	スキル	競争を手放す→楽しさを感じる瞬間を見出す	やりがい
自己実現するため	才能	周りを変えることを手放す→楽しさを味わう瞬間を見出す	生きがい

れのレベルで先に述べた・お金・スキル・才能を、目標としながらも、仕事に意味があることを信じることができなくなったときでも、会社が持つ多種多様な企業文化によって培われた企業風土は、きっと社員の羅針盤となり、現場社員を向かうべき方向へと導いてくれます。

それぞれの会社が持つ企業風土を軸に、現場で働く人が、自身の目標を持ち、自主性が生まれ、現場士気が向上すれば、現場とお客さんとのコミュニケーションは自然に深くなり、お客さんは、自らが欲している情報を喜んで教えてくれるようになるでしょう。

本書で解説した、利益を生み続ける仕組みとは、会社を社員志向へとカジ取りすることで、現場社員が、お客さんが欲している情報を得て、会社が日々変化するお客さんのニーズに対応するビジネスモデルを確立し、高収益を維持することです。しかし、企業の本当の存在意義は、高収益を維持することだけではなく、誰もが会社で働くことで、仕事が楽しくなる働き方を通じて、今の仕事に意味を見出し、人間として成長していくことにあるのです。

第6章と第7章のまとめ
～社員志向の会社と仕事が楽しくなること～

社員志向の会社では、働きがいを通して、現場が仕事を楽しく感じるようになる

会社が働きがいを構築する6つのステップ

ステップ1	起業風土で現場全員を戦力化する
ステップ2	ミッションで現場を貫く
ステップ3	働く人の存在価値を探り出す
ステップ4	普遍なものを繰り返す
ステップ5	沢山の人を魅了する商品をつくる
ステップ6	評価と賃金制度を話し合い、ゴールを共にする

＋

現場が仕事を楽しく感じる３つのレベルとプロセス

現場の働きがいへの思い込み	目標	目標へのプロセスを楽しさに変える→チームが生まれる	今の仕事にある本来の意味
1・食べるため ……働けば、 **お金がもっと入る**	お金	束縛を手放す→仕事のつらさが減り、現場が活気づく	学びがい
2・自立するため ……働けば、 **スキルが手に入る**	スキル	競争を手放す→仕事を道具ととらえなくなり、仕事に意義を感じ始める	やりがい
3・自己実現するため ……働けば、 **才能が開花する**	才能	周りを変えることを手放す→自己本位で仕事をしなくなり、現場が一つになる	生きがい

社員志向の会社

↓

売り上げアップ

現場を支える働く人へのメッセージ

以前、ある会社の面接担当者が、「社会人になると……」と自己紹介した新卒の学生に、「あなたにとって『社会人』とは、どのような定義なのですか?」と質問したことがありました。

すると彼は、考えながら、「自立して食べていける人」と答えたそうです。

この面接の例もそうですが、多くの人は、ある年齢になると、先述した食べるため、自立するため、自己実現するためというこれまでの働きがいにある思い込みから、何らかの仕事に就いてしまうのです。

その大きな理由は、仕事には、お金という対価が発生し、そのため仕事に本来ある「成長する」という意味が多くの人に見えなくなるからです。

人は仕事を通して、お金、スキル、才能を得る過程で、社会とつながり、楽しさを見出することができます。

だから、もし人は仕事をしなければ（専業主婦の方は、家庭で仕事をしている）、一切社会と関わる（専業主婦の方は、家庭を通し社会と関わっている）必要がなくなり、仕事に本来備わっている「楽しさ」を見出すことができず、社会と共に成長することの素晴らしさも味わえなくなるのです。

本書の最後でもある「あとがき」では、働くことの意味にフォーカスし、今の仕事とそれが教えてくれる価値を掘り起こして、働く現場の人の目線で解説していきます。

楽しさは人間関係を変える

これまでお話してきた仕事の「楽しさ」とは、よい人間関係を築く「補助車輪」のようなものかもしれません。

少し強引な例えですが、初めて自転車に乗ったとき、皆さんも横に補助車輪があったことを記憶していると思います。

実は自転車で言う「補助車輪」。それが仕事に本来備わっている「楽しさ」なのです。

初めはバランスも取れないから、自転車を練習（仕事）することは、楽しくありません。でも楽しさという補助車輪をつけると、今までやりたくなかった仕事が、少しは「やってもいいかな」と思えるようになるかもしれないのです。

今のいやな仕事が、少し進み出せば、今の仕事に補助車輪（楽しさ）を着けていたことさえ忘れてしまいます。「楽しさ」という補助車輪が皆さんを引っ張り、いつのまにか自転車（仕事）に乗れる（で成果を出せる）ようになるのです。

皆さんが今の仕事に本当の楽しさを見出せば、お客さんは必ず売り上げとして、その見返りを返してくれます。

そして皆さんが今の仕事を通じて自分自身を大切にすれば、他人もリスペクトできるようになるでしょう。

いやなことはしない

今の仕事を通じて、社会とつながると、いろいろな場面で理不尽だなと感じることに遭遇したりします。

それはときには自分ではやりたくない、例えば「コピーをとる」「お茶を入れる」などの業務かもしれません。

皆さんが、これらの業務をいやだと思えば、しなくてもOKです。

ただ、これらの業務から、皆さんは新たな目標を見出せるかもしれません。

でも、今の仕事であえて無理をして、いやなことをする必要はありません。

なぜなら無理をしている人から、お客さんは商品やサービスを購入したいとは思っていないからです。

自分自身の価値を見つける

仕事をしていると、知らず知らずのうちに「言い訳」を言っていることが多いことに気づきます。

「言い訳」は、無意識のうちに自身の限界が見えたときによく言います。

もし皆さんが「言い訳」を言い出したとしたら、今の仕事の目標をもう一度チェックして、「本当にこの目標でいいのか」自身に聞いて見てください。

人は無意識のうちに、本当に得たいものより、達成できる可能性の高い目標を設定することが多いようです。

もし可能なら、皆さんが本当に得たい目標を設定し直して、お客さんの共感を呼び起こしてみてください。

そうすれば、お客さんは買いたくなるスイッチをオンにしてくれるでしょう。

その場に意味を見つける

仕事には、例えば「整理整頓」や「清掃」というような全員が働く公の場所で一緒にする作業があります。

皆さんは、「整理整頓」や「清掃」をするなんて、自分が何のためにこの会社にいるか分からないと思うかもしれません。

会社で全員が同じ作業（整理整頓や掃除など）をすれば、同じ場所で共に働く者同士で一体感が生まれ、それが生産性アップにつながります。

そしてこの一体感は、お客さんに会社が提供する商品やサービスの品質も一定で狂いがないことをアピールし、それがお客さんの信頼度を増し、買いたくなる気持ちも呼び起こします。

社会人から大人になる

以前ある会社の2年目の新入社員を対象とするセミナーで、「会社で働き『社会人』となると、『大人』になることができるのでしょうか?」という質問をいただいたことがあります。

ある辞書では、社会人とは、「社会の運営に参加している人」と書いていました。人は、仕事をすることにより、社会とつながりを持ち、社会人になることで大人へと成長していきます。

しかし今の時代のような、夢を持てない世の中では、大人へと成長したくない人も多くなり、ピーターパンのように仕事をせずに大人にならないほうが楽かもしれません。

では今の時代、このようになりたくない人も多いと思われる「大人」とは一体何なのでしょうか?

ある本では、「大人」を「自分で自分史を新たに書き換えることができる人」と訳しています。

人は働くことで、社会とつながり、社会人となります。そして今の仕事に楽しさを見出し、それがこれまでの仕事に対する思い込みを書き換える後押しとなり、自分史を新たにできる「大人」へと成長できるのです。

お客さんは今のような夢を持てない世の中だからこそ、働く人が成長できる会社から、商品やサービスを買いたいと思っていることは、間違いないのです。

今の仕事に本当の意味を見出す

なぜ今この仕事をしているのか?

皆さんの中には、そう思った人も少なくないでしょう。

今の仕事をすることで、これまでの自分が生まれ変わることができる(大人になれる)としたら……、少しは今の仕事を続けてもいいかなと感じるかもしれません。

今の仕事は、「これこそ自分で選んだ人生だ、と自分自身の人生を選び直し、新しいストーリーをつくっていく」リセットボタンでもあります。

もし皆さんが今の仕事で何らかの楽しさを見出せば、それが、皆さん自身の新しいストーリーをつくる追い風となり、必ず誰か（会社の同僚や上司、または取引先やお客さん）がその姿に共感し、認められ、報われ、報いることで、業績（売り上げ）は上がります。

そしてこの業績（売り上げ）は、皆さんが社会とつながり、周りと何かを分かち合うリスクをとったことへのご褒美（対価）なのかもしれません。

あとがき

もし、読者である皆さんが、本書全7章で解き明かされる社員志向の仕組みを現場に導入すれば、1カ月で会社（お店）の向かうべきベクトルが定まり、2カ月で現場がチームとなり、そして、3カ月で一人ひとりの自主性が生まれ、今の売り上げは3カ月という短期間で120％になります。

なぜなら、現場がベクトルを同じにすれば、一人ひとりが同じゴールに向かい、自主的にお客さんに一品でも何か多く購入してもらおうと努力するようになり、その結果、一品あたりの単価×お客さんとのコミュニケーションの回数分、売り上げはアップします。

これは、単純な計算になりますが、1時間に2回お客さんと会話し、200円台の単価の商品をセールスアプローチすることで、現場が勧める2つの商品を購入してくれれば、一人当たりの売り上げが400円アップするのです。

また会社(お店)によっては、現場のセールスアプローチがないとしても、本書で解説した商品を買いたくなる仕組み(メニューやPOPや商品陳列プラスサウスウェスト航空で解説した「ゴールデンルール」の実践)を導入したとしたら、確実にお客さんの商品注目度は上がり、1時間で、2品から3品は余分に購入してくれるのです。

200円台の単価の商品を提供する小売(外食も含め)企業の平均1時間当たりの客単価を見れば、600円から800円となり、3カ月でお客さん一人当たり1時間の客単価が1000円(600円↓400円アップ↓1000円、800円↓400円アップ↓1200円)になることは、売り上げが20%はアップすることとなのです。

本書は、私が今まで社会に出てから、二十数年間世界を飛び回り経験し、本当に見たことを通じて、これから日本で起こる確かなビジネスの世界とそのビジネスモデルを書きました。これからの日本、そして日本のビジネスモデルは世界を変えるほどの力を持っていると私は確信しています。ただ今は、社会も会社も消費者も先が見えないその過渡期のため、不安でいっぱいなのです。

このような世の中を変えるのは、経営者や企業のリーダーや、現場で働く、この本を手に取っていただいた皆さんだと私は思っています。

是非、この本を日本発日本式の現場士気を重視する、人を大切にする会社を構築するバイブルとして、1つでも多くの「利益を生み続ける社員志向のビジネスモデル」を共に歩みつくり上げていけることを私も楽しみにしています。

最後に、本書を書くことができるようになるまで支えてくれた、すべての人々に感謝を申し上げます。

今後も引き続き、よろしくお願い致します。

●著者略歴
清水ひろゆき（しみず・ひろゆき）
ビジネスモデルコンサルタント。H＆Hコンサルティング代表
1964年神戸生まれ。
ニューヨーク、パリ、ロンドン、日本を拠点に日本の企業に最新かつ世界の高収益企業のビジネスモデルを事例と共に導入を図る。米国専門の流通視察ツアーを20年間経験し、関西の財界や流通業界トップを200名以上同行し案内する。100カ国以上を訪問し、ウォルマート、ノードストローム、ノキア、サウスウエスト航空、ホールフーズ、マクドナルドなど、視察訪問した世界の優秀企業数は400社以上にのぼる。欧米に延べ数年間在住し、数カ国語を自在に操り、その視察ツアーで紹介する企業の価格競争しないビジネスモデルは日本企業が必ず導入すると言われ評価が高い。現在はコンサルティング会社を経営し、今まで日本企業に紹介した欧米優秀企業の「価格競争せずに利益を生み出す仕組み」をメールマガジンや書籍などのメディアを通じ、日本企業に発信中。趣味は、40歳を過ぎてから始めたピアノと世界の海でクマノミと出会うこと。

H＆HコンサルティングHP　http://www.hh-consul.jp/

3カ月で売り上げを20%アップさせる3つの仕組み

2010年11月7日　第1刷発行

著　者　清水ひろゆき
発行者　鈴木健太郎
発行所　株式会社ビジネス社
〒105-0014　東京都港区芝3-4-11（芝シティビル）
電話　03(5444)4761(代表)
http://www.business-sha.co.jp

カバー印刷／近代美術株式会社　本文印刷・製本／株式会社廣済堂
〈編集担当〉岩崎英彦　〈営業担当〉山口健志

ISBN978-4-8284-1600-7